EUGÈNE DE MIRECOURT.

LA FAMILLE
D'ARTHENAY

II.

PARIS.
GABRIEL ROUX,
CHARLES GOUJATY, LIBRAIRE-ÉDITEUR,
58, rue du Four Saint-Germain.

1841.

LA FAMILLE

D'ARTHENAY.

II.

Imp. de BOULÉ et Cⁱᵉ, rue Coq-Héron, 3.

LA FAMILLE
D'ARTHENAY

PAR EUGÈNE DE MIRECOURT.

Auteur de SORTIR D'UN RÊVE.

II.

PARIS.
GABRIEL ROUX.

CHARLES GOUJATY, LIBRAIRE-ÉDITEUR,
58, rue du Four Saint-Germain.

1841.

SUITE DE LA

DEUXIÈME PARTIE.

—

VENGEANCE.

—

XV.

LES FUNÉRAILLES.

La chapelle du château était tendue de noir. Une foule de montagnards, accourus pour rendre à M. d'Arthenay les honneurs funèbres, versaient des larmes à l'aspect de cette scène de deuil qui contrastait d'une manière si pénible avec la joie qui, deux jours auparavant, régnait dans le vieux manoir. Marie et sa mère sanglottaient, agenouillées près du catafalque... On chantait l'office des morts.

Au moment où ces paroles du psalmiste se faisaient entendre :

Virum sanguinum et dolosum abominabitur Dominus,

Le Seigneur exécrera l'homme fourbe et sanguinaire,

un prêtre parut sur le seuil de la chapelle et s'arrêta, comme frappé de la foudre, devant cette terrible sentence.

C'est que ce prêtre était en effet l'homme fourbe et sanguinaire que menaçait la haine du ciel. Il avait trop compté sur sa force d'ame ou plutôt sur l'énergie de sa persévérance dans la voie du crime, en venant ainsi braver le cercueil de celui dont il avait tranché la vie. Les paroles prophétiques qui l'accueillirent à son entrée le glacèrent d'effroi. Ses pieds se fixèrent sur les dalles ; il regarda le catafalque avec des yeux pleins de terreur, comme s'il eût craint de voir une ombre sanglante soulever le drap mortuaire pour venir lui reprocher, en face de tous, ses crimes et son hypocrisie.

Plusieurs d'entre les montagnards avaient reconnu l'abbé Duval : il vit tous les yeux fixés sur lui et s'efforça de surmonter sa terreur.

— Est-ce vous ? lui dit à voix basse une jeune fille qui venait de s'approcher de lui, toute tremblante, après avoir quitté la place qu'elle occupait dans la chapelle.

— Oui, Georgette, c'est moi...

— Ah ! mon Dieu ! murmura la jeune fille, d'une voix étouffée, est-ce que vous êtes prêtre ?

— Silence ! ce n'est pas ici le lieu de répondre à tes questions. Ce soir, je me trouverai dans le jardin de la ferme... D'ici là, sois prudente... Quoi que tu puisses voir et entendre, souviens-toi qu'une indiscrétion te perdrait ainsi que ton enfant, car elle rendrait inutiles les mesures que j'ai prises.

— Qu'est-ce qu'elle a donc à roucouler à ce corbeau? dit à l'oreille de Gros-Pierre un homme de trente-cinq ans environ, d'une physionomie franche et cordiale, et qui portait un costume différent de celui des autres montagnards.

Il montrait en même temps au fermier le prêtre, et Georgette pâle et consternée qui regagnait sa place.

Gros-Pierre avait reconnu l'abbé Duval dans celui que son voisin lui désignait par l'épithète de corbeau.

— Hum! murmura-t-il entre ses dents,

voilà l'autre qui a repris son premier costume...

— Est-ce que c'est son confesseur ? et sommes-nous donc au temps des Pâques, pour qu'elle aille lui corner quelques scrupules à l'oreille ?... Diable, je ne me trompe pas... c'est Lopez, ton Américain de malheur !

— Tais-toi, Thomas, tais-toi ! Nous causerons de cela plus tard...

— Mille bombes !... c'est donc un calotin que ce gaillard-là ! ça ne m'étonne plus si sa figure me déplaisait si furieusement.

— Allons, ne vas-tu pas faire une scène ici ?... Puisque je te promets de te conter l'affaire...

— A la bonne heure ! Je ne sais pourquoi j'ai toujours eu la fantaisie de lui casser les reins... Il faudra que je me contente tôt ou tard.

— Ça m'est bien égal, pensa Gros-Pierre. Le marquis est mort, et les espèces ne viendront plus... Je conterai tout.

Cependant l'abbé Duval, entièrement revenu de sa première frayeur, s'était avancé d'un pas ferme jusqu'au catafalque, qu'il aspergea d'eau bénite. Puis, sans que madame de Verneuil ni sa fille, plongées dans l'abattement de la douleur, s'aperçussent de sa présence, il traversa le chœur et se dirigea vers la sacristie.

Le chapelain se préparait à chanter la messe et revêtait les habits sacerdotaux : à l'aspect de l'abbé Duval, il se frotta les yeux et crut faire un rêve.

—La paix soit avec vous, dit le faux missionnaire, et puisse la miséricorde du ciel descendre sur ceux qui sont morts!

— Comment?... Je vous croyais en Chine, mon cher maître...

— Avant de partir, je voulais adresser mes derniers adieux à ceux qui m'ont aimé et protégé sur cette triste terre... Hélas ! j'étais loin de m'attendre...

— Pauvre marquis ! dit le chapelain en fondant en larmes... mort assassiné !

— Et nomme-t-on son assassin ? demanda l'abbé Duval, qui devint horriblement pâle.

— Ah ! mon cher maître, qui aurait pu croire que votre élève, un jeune homme à qui vous aviez inculqué tous les principes de vertu, se rendrait coupable d'un parricide ?... M. Léon est arrêté.

Une joie sauvage brilla dans les yeux du prêtre ; mais la dissimulant aussitôt sous une tristesse hypocrite :

— Les jugemens de Dieu sont terribles, mon cher abbé ! Quand une fois on s'est montré rebelle aux inspirations de la grace et qu'on s'est ainsi privé volontairement des secours du ciel, on ne sait plus s'arrêter sur le chemin du crime. Léon, malheureux enfant, devais-tu me réserver une telle douleur? Que vas-tu devenir?... Et, sur le point d'être puni par la justice des hommes, pourras-tu du moins apaiser la justice divine?

— C'est moi qui vais dire la messe, continua l'abbé Duval. Veuillez avertir la belle-sœur de M. le marquis que je désire lui parler après les funérailles... Toutes les vieilles inimitiés doivent s'éteindre devant un cercueil.

En voyant monter à l'autel celui que, grace à la discrétion de son père, elle avait toujours regardé comme son parent, et qu'elle avait espéré d'épouser pour cacher sa faute, Georgette se sentit sur le point de défaillir et fut obligée de sortir de la chapelle avec sa mère. La malheureuse comprenait toute l'infamie de sa situation : elle était la maîtresse d'un prêtre, elle portait dans ses flancs le fruit d'un sacrilége !

Quant à madame de Verneuil, que le chapelain venait de faire avertir, elle se courbait mette et glacée d'horreur sous le pressentiment des nouvelles calamités que lui annonçait le retour de cet homme. Le reste des assistans, étrangers à ces drames secrets, regardaient avec admiration le saint prêtre qui venait offrir à la mémoire de son bienfaiteur l'office de son pieux ministère...

Qui eût osé soupçonner du meurtre celui dont les prières demandaient au ciel le repos de l'ame de la victime ?

La messe terminée, le cortége sortit de la chapelle et s'avança lentement sous les arbres séculaires du parc. Le marquis fut enterré près du mausolée que Léon avait fait élever aux mânes de sa mère, sur le lieu même du crime... Et l'abbé Duval, debout sur le bord de la fosse, récita les prières suprêmes et jeta sur le cercueil la terre de l'oubli.

XVI.

COMME SE VENGE UN PRÊTRE.

Une tombe est à peine fermée qu'il faut déjà sécher vos pleurs et vous occuper de la discussion des intérêts matériels. La loi vient envahir la demeure du défunt, poser les scellés sur les meubles et vous inviter à faire valoir vos droits à l'héritage... Froide et amère satire de la vie! Un homme n'est plus : appropriez-vous ses dépouilles ; vendez tout ce qui vous rappelle son souvenir, et que la loi préside au partage!

Deux huissiers se présentèrent chez madame de Verneuil.

— Il paraît, madame, dit l'un d'eux, que M. d'Arthenay n'a pas fait de testament. Nous venons vous avertir qu'il s'est dépossédé de tous ses meubles et immeubles en faveur d'un étranger dont les titres sont en règle. L'héritier désire employer à votre égard tous les ménagemens que les convenances dictent à un galant homme. Nous croyons qu'il est dans votre intérêt de vous entendre promptement avec lui.

— Le seul héritier de M. d'Arthenay, répondit madame de Verneuil, est Léon d'Arthenay, son fils. Il viendra bientôt lui-même défendre ses droits, car la justice ne peut tarder à reconnaître son erreur : mon neveu n'est pas coupable...

— Vous ne m'avez pas compris, madame, répliqua l'homme de loi, en déployant une foule de papiers timbrés, qu'il mit sous les yeux de madame de Verneuil.

— Quand j'ai dit l'héritier, continua-t-il, je me suis servi d'un terme impropre : je devais dire l'acquéreur. Voici des titres parfaitement établis. Les propriétés sont vendues, ainsi que le mobilier du château : voilà les quittances de M. d'Arthenay. Or vous devez comprendre que l'acquéreur est en droit d'entrer en possession immédiatement après le décès du vendeur. Mais, comme il serait au désespoir de vous mettre dans l'embarras, il veut s'entendre avec vous et vous donner, pour prendre vos mesures, tout le temps que vous jugerez convenable...

— Et quel est cet homme ? demanda madame de Verneuil qu'un pénible pressentiment fit tressaillir.

— Vous allez le voir et lui parler vous-même : il attend dans votre antichambre.

Les huissiers se retirèrent, et l'abbé Duval entra.

— J'en étais sûre ! s'écria la pauvre femme, en frissonnant de terreur à l'aspect du prêtre.

— Votre accueil n'a rien qui doive me flatter, madame, dit l'abbé, en prenant un siége. Cependant j'accomplirai jusqu'au bout la mission de paix et de charité que m'impose mon ministère. Vous avez besoin de consolations : je viens vous offrir les miennes et vous prier, en même temps, d'oublier d'anciens torts...

— Partez, monsieur, je ne veux rien entendre... Depuis long-temps je sais le cas que l'on doit faire de vos paroles hypocrites. Votre présence en ces lieux m'annonce de nouvelles douleurs. Après avoir consommé votre vengeance, vous venez insulter à vos victimes.

— Madame, répondit l'abbé, je m'attendais à des injures, à des outrages... Poursuivez, exhalez votre haine! Peut-être, en voyant ma patience et ma résignation, finirez-vous par comprendre que les sentimens qui m'amènent près de vous ne me sont pas inspirés par la vengeance... Voulez-vous me permettre de m'expliquer?

Madame de Verneuil se leva. Tous les traits de son visage étaient empreints d'indignation.

— Eh bien, monsieur, lui dit-elle, expliquez-vous! ou plutôt laissez-moi vous arracher votre masque d'hypocrisie : il peut vous servir avec d'autres, mais avec moi, jamais! En venant ici, vous n'avez eu d'autre but, je vous le répète, que d'insulter à ma ruine. Vous vous êtes dit : Cette femme, qui a résisté jadis à mes vœux sacriléges, qui n'a pas voulu d'un prêtre pour amant, je la verrai une dernière fois pour déchirer son cœur, pour qu'elle apprenne de ma bouche le résultat de la sourde machination que ma vengeance a tramée contre elle... Elle saura que je n'ai pas cessé de la haïr; que, si elle s'endormait dans une aveugle confiance, je veillais pour la perdre et la plonger dans la misère. Elle saura que son malheur est mon ouvrage!... Je la trouverai chancelante, abattue sous le coup du déshonneur et de l'infamie; je la chasserai, mes titres en main, du toit qui devait abriter sa vieillesse; je rirai de ses larmes et je serai vengé!...

Et maintenant, monsieur, que je vous devine, maintenant qu'il vous devient inutile de feindre davantage, sachez que je préviendrai les affronts que vous me réservez... Je sortirai de ce château qui vous appartient; j'en sortirai avec ma fille... Marie, pauvre enfant, que vas-tu devenir?

Madame de Verneuil retomba sur son siége et fondit en larmes. Toutes ses forces morales l'abandonnèrent à la pensée que sa fille allait tomber dans l'indigence... C'était là que l'abbé Duval l'attendait.

— Il faut, madame, lui dit-il d'un ton pénétré, que votre haine soit bien vive, pour ne voir qu'une nouvelle injure dans la démarche que je fais aujourd'hui près de vous. Eh quoi ! tant d'années, passées sur mes anciens torts, n'ont-elles donc pu les diminuer à vos yeux ?... Vous n'avez jamais voulu voir en moi que le prêtre qui parjurait ses vœux, et vous n'avez pas eu d'indulgence pour l'homme que la faiblesse de sa nature avait fait succomber. Dites, madame, les humiliations dont vous m'avez abreuvé ne me donnent-elles pas des droits à votre pardon ? Ne suis-je pas assez puni de vous avoir aimée ?

Madame de Verneuil se sentit presque émue

par l'accent que l'abbé mit à ces dernières paroles. Celui-ci s'aperçut aussitôt de l'effet qu'il avait produit.

— Et pourtant, continua-t-il, malgré les persécutions dont vous m'avez rendu l'objet, en révélant ma coupable erreur, je n'ai jamais pu vous haïr... Que dis-je ? hélas ! ai-je seulement cessé de vous aimer ?... Oh ! ne craignez pas, madame, de voir se renouveler les fougueux transports qui m'assaillaient autrefois, quand je me traînais à vos genoux ! Je sais maintenant ce qu'un habit de prêtre peut inspirer de répugnance à une femme : j'ai trop souffert de votre mépris et de votre aversion pour m'y exposer de nouveau...

— Mais enfin, monsieur, ce langage...

— Est celui que je dois vous tenir pour vous convaincre que je ne suis amené près de vous par aucun sentiment de vengeance.

— Je pourrais vous croire, répondit amèrement madame de Verneuil, si votre conduite ne démentait pas vos paroles. Encore une fois, épargnez-vous la peine de feindre ! Celui qui a dépouillé, j'ignore par quelles manœuvres frauduleuses, un héritier légitime, pour s'approprier sa fortune, est incapable d'être mu par un sentiment noble...

— Ah ! que vous êtes injuste ! s'écria le prêtre, avec le même accent de vérité qui avait déjà frappé madame de Verneuil. Ne comprenez-vous donc pas que, cette fortune, je viens vous la rendre ? Faut-il vous dévoiler un secret qui devait rester entre le ciel et moi ?... Car, pour recouvrer votre estime et vous empêcher de me haïr, que ne ferais-je pas, grand Dieu ? Eh bien, donc, sachez que M. d'Arthenay, qui, par égoïsme religieux, voulait faire un prêtre de son fils, se voyant déchu de cette espérance, forma le projet d'aliéner tous ses biens et de les consacrer à de pieuses fondations destinées à assurer le repos de son ame... Sachez que, après avoir en vain combattu sa résolution, je l'ai trompé, moi son directeur, je l'ai trompé pour vous, madame, pour vous sauver de la misère! Il a eu assez de confiance en moi pour croire que je remplirais ses intentions... et je viens vous dire aujourd'hui : Madame, disposez de cette fortune ; sauvez l'innocent qu'on accuse ; unissez Léon à celle qu'il aime... et moi, ne me haïssez pas... oh! par pitié, ne me haïssez pas !

En parlant ainsi, l'abbé Duval était tombé aux genoux de madame de Verneuil qui, muette de suprise, doutait encore de la réalité des paroles qu'elle venait d'entendre.

— Me pardonnerez-vous enfin ? lui dit-il, en la suppliant du regard.

Emue jusqu'aux larmes et subjuguée par l'admiration que lui inspirait la conduite d'un homme dans lequel elle ne s'attendait à trouver qu'un ennemi, madame de Verneuil n'eut pas un instant l'idée qu'elle pouvait être trompée par un raffinement de vengeance.

— Vous êtes bon, monsieur, lui dit-elle, vous êtes généreux : mon injuste ressentiment m'avait fermé les yeux sur les qualités de votre cœur... C'est bien ce que vous avez fait ! Je vous en remercie pour Léon... Vous le sauverez, n'est-ce pas? vous nous sauverez tous... Nous vous devrons notre bonheur! Merci, monsieur, merci !

Le prêtre couvrait ses mains de brûlans baisers, sans qu'elle songeât à les retirer.

— Oui, madame, vous serez heureuse, je le jure !... Et quand ma tâche sera accomplie, je m'exilerai volontairement des lieux que vous habitez : je viendrai vous dire un éternel adieu...

— Quoi ! vous voulez vous soustraire à notre reconnaissance ?

— La reconnaissance, Élise, devient trop pénible, quand il faut la témoigner à celui qu'on a toujours détesté. Je ne devrais vos bienfaits qu'à un sentiment imposé par les bienséances. Sous votre accueil le plus gracieux, je croirais retrouver toujours quelques traces de cette haine dont j'ai tant souffert.

— Pourquoi rappeler encore ces souvenirs ? interrompit madame de Verneuil : ne doivent-ils pas s'effacer devant la noblesse et la générosité dont vous venez de me donner la preuve ? Jetons un voile sur le passé, pour ne plus songer qu'à l'avenir... Restez avec les heureux que vous aurez faits ?

— Par pitié, madame, dit le prêtre avec le ton de la prière, cessez vos instances, ménagez ma faiblesse... Croyez-vous donc que je puisse lutter contre les sentimens qu'exciterait en moi votre présence de chaque jour ? Après de longues années, je vois que mon cœur n'a point vieilli. Un seul de vos regards, une parole bienveillante, ont suffi pour réveiller ma passion... Je vous aime toujours, Élise ! Comme autrefois, j'ai beau faire appel à tous mes devoirs pour combattre cet amour : ma destinée me ramène à vos genoux... Ah ! si c'est un crime pour un prêtre d'aimer une femme, Dieu me pardonnera ce crime ! Il a vu mes combats, mes efforts, les larmes que j'ai versées... Oui, Dieu me pardonnera, car, pour ne plus vous aimer, Élise, il aurait fallu que j'eusse une vertu surhumaine... et je ne suis qu'un faible mortel, exposé comme les autres aux orages des passions. J'ai compris trop tard que c'était folie à l'homme de faire des vœux de continence. S'il est des prêtres vertueux et fidèles à leurs sermens, ceux-là, croyez-le bien, ne connaissent pas l'aiguillon des sens, ou n'ont jamais rencontré un ange de beauté et de vertu tel que vous!

L'abbé Duval parlait avec feu. Ses discours passionnés produisirent sur madame de Verneuil une impression contre laquelle elle se trouvait alors sans défense.

Cet homme qui lui parlait d'amour n'était plus à ses yeux le prêtre impur dont elle s'éloignait jadis avec dégoût : c'était son sauveur, le sauveur de sa fille... et comme la haine, dans le cœur d'une femme, est voisine de l'amour, elle se sentit entraînée, séduite, et prête à partager cette passion si forte que dix années n'avaient pu l'éteindre. Cependant elle parvint à maîtriser un instant son trouble et répondit à l'abbé Duval qui la dévorait de ses regards de flamme.

— En vérité, monsieur, je ne puis me figurer que votre langage soit sérieux. Vous oubliez que je ne suis plus qu'une vieille femme, et votre imagination va beaucoup trop loin dans le pays des rêves.

— Elise, ne parlez pas ainsi, ne jouez pas avec mon amour! vous ne connaissez que trop bien la puissance irrésistible que vos charmes exercent sur moi... Eh bien, puisqu'il faut tout vous dire, je n'ai jamais perdu l'espérance de vous voir un jour moins sévère. Quand je vous affirmais tout-à-l'heure que je m'éloignerais de vous, mon cœur démentait mes lèvres; je sentais que, si je ne pouvais vous décider à partager ma tendresse, il me faudrait mourir... ou me venger !

Ces derniers mots firent tressaillir madame de Verneuil : elle retira sa main de celles du prêtre.

— Oh! pardonne-moi, s'écria-t-il, en l'entourant de ses bras : ma tête s'égare; je n'ai pas voulu t'effrayer par une menace insensée !... Elise, je t'aime ! et s'il ne fallait que sacrifier ma vie pour obtenir l'aveu de ton amour dans un de tes baisers, je donnerais ma vie, je verserais tout mon sang !... Dis, mon Elise, est-ce que tu n'es pas émue par tant de constance ? Est-ce que tu voudrais me repousser encore, aujourd'hui que je t'offre avec mon cœur une fortune que j'ai sauvée pour toi seule ? En venant ici, je pouvais me présenter en maître, je pouvais vous dire : Madame, choisissez entre la misère ou mon amour ! et pourtant j'ai commencé par vous prier de reprendre ces biens qu'un caprice de vieillard avait failli vous enlever ; je vous ai dit : Soyez heureuse ; mais du moins cessez de haïr celui qui vous rend au bonheur !

— Vous savez que je ne vous hais plus, dit madame de Verneuil, en se penchant sur le prêtre, qui l'étreignait avec passion.

— Tu m'aimes?... Oh! dis que tu m'aimes!

Hélas! leurs lèvres se rencontrèrent, et madame de Verneuil succomba.

. . . .

Alors l'abbé Duval, jetant le masque avec l'impudeur du cynisme et la joie féroce de la vengeance, s'éloigna de celle qu'il avait trompée par de perfides caresses.

— Eh bien, madame, vous venez donc de vous donner au prêtre, vous qui jadis eussiez mieux aimé vous prostituer à un forçat?... Il y a dix ans, vous répondiez par le mépris et l'injure à mes premières paroles d'amour..... et pourtant l'affection que je vous témoignais alors était sincère! mais vous étiez jeune et belle, madame! vous aviez l'espoir d'attirer dans vos bras d'autres amans... Aujourd'hui que vous êtes vieille et délaissée par eux.....

— Pitié, monsieur, pitié! s'écria la mal-

heureuse, en embrassant les genoux de so
bourreau...

Mais lui la repoussa, en lui criant :

— Arrière, femme impudique !... ne m'approchez pas !

Puis il se prit à rire d'un rire de démon, à cette parodie sanglante de la scène qui s'était passée autrefois entre lui et madame de Verneuil.

L'infortunée victime se débattait, frappée à mort, sous les coups redoublés de cette atroce vengeance. Le prêtre la regardait avec des yeux étincelans et jouissait de son supplice.

— Bien joué, n'est-ce pas, madame ? A moi la victoire !... Ah ! vous avez cru que je pouvais vous aimer encore, après tous les affronts que vous m'avez fait subir ! Vous me supposiez assez lâche pour mendier votre amour, quand j'avais à venger sur vous la perte de mon avenir, la flétrissure dont vous avez souillé mon nom? Folle imprudente, qui s'est laissé prendre au piége!... Adieu, madame : je vous laisse à vos souvenirs. Songez que vous vous êtes livrée sans résistance à un homme que vous méprisiez, et que cet homme vous méprise à son tour! Songez que je suis le maître de ce château... Je ne souffrirai pas sous mes yeux une femme assez dépravée pour commettre un adultère sur le bord d'une tombe, presque sous les yeux de sa fille, à deux pas d'un cachot où gémit son neveu faussement accusé d'un meurtre... Adieu, je suis vengé!

Puis, comme madame de Verneuil s'attachait à ses genoux, en jetant des cris de désespoir, il la repoussa violemment et sortit.

XVII.

THOMAS GIGOUX.

L'abbé Duval monta dans la chambre du chapelain, revêtit des habits séculiers, et se rendit ensuite à la ville chez son homme d'affaires, auquel il recommanda les mesures les plus promptes pour vendre les propriétés de M. d'Arthenay. Comme il avait loué, dès la veille, une chaise de poste, il alla commander des chevaux, et envoya le postillon l'attendre à une lieue de Saint-D**, à la porte d'une maisonnette couverte de chaume et qui portait le titre pompeux d'auberge du *Gros-Caillou.*

Le prêtre eut ensuite l'idée d'aller rendre visite à Léon d'Arthenay dans son cachot, soit pour jouir des pleurs et du désespoir du malheureux prisonnier, soit pour acquérir une plus ample certitude que le jeune homme ne soupçonnait pas le véritable assassin.

Il se dirigeait donc vers la prison, lorsque, au détour d'une rue, il se trouva face à face avec le fermier qu'accompagnait Thomas Gigoux.

— Holà hé! camarade, on ne coudoie pas ainsi les amis sans leur dire bonsoir, dit Gros-Pierre, en barrant le passage au prêtre qui cherchait à s'esquiver... Est-ce que vous avez la vue basse?

— J'allais à la prison, répondit l'abbé Duval : il y a là quelqu'un dont la douleur et l'infortune réclament mes consolations... A bientôt ! je dois coucher à la ferme cette nuit.

— En ce cas, monsieur l'abbé, dit avec empressement le compagnon de Gros-Pierre, je vous conseille de vous en revenir avec nous, car M. Léon est au secret : il nous a été impossible de le voir... Et puis j'ai à vous parler, moi... et pas plus tard qu'à l'instant même !

— En quoi puis-je vous être utile, mon ami ? demanda l'abbé Duval qui n'était rien moins que rassuré par le ton de menace qui perçait dans les dernières paroles de Thomas.

— Ne faites donc pas la chattemite, hein, s'il vous plaît !... C'est connu, mon ancien ! Une fois, deux fois, voulez-vous nous suivre ? sinon je fais du tapage et j'ameute la populace après vous.

— Insolent ! cria le prêtre.

— Connu ! connu, vous dis-je !... Allons, il paraît qu'il faut vous lâcher deux mots à l'oreille pour vous décider. N'étiez-vous pas à Paris en 1813, et ne vous souvient-il pas d'avoir eu quelques démêlés avec un certain troupier qui se trouvait porteur d'une figure à peu près dans le genre de la mienne ?

— Je suis prêt à vous suivre, monsieur...

— Dame ! pour peu que ça vous contrarie, vous n'avez qu'à le dire, monsieur l'abbé : nous ferons une halte ici, au milieu de la rue, et nous nous expliquerons devant témoins.

— Thomas, dit le fermier, tu m'as promis d'être raisonnable...

— Morbleu, ne le suis-je pas ?... Tenez, beau-père, demandez plutôt à monsieur s'il n'admire pas mon sang-froid ?... Allons, en avant, marche !

Thomas Gigoux plaça son bonnet de police en tapageur, enfonça ses mains dans les poches de sa blouse et se mit à marcher en mesure et à chanter :

> J'suis enfant d'Paris,
> Mes amis :
> J'nargue la tristesse !
> Toujours sans soucis,
> Sans ennuis,
> J'ris et bois sans cesse !

— A propos, comment vous êtes-vous porté depuis votre désertion ? demanda-t-il, en se tournant vers l'abbé Duval... ça m'ennuyait de ne pas vous voir, parole d'honneur !

L'autre ne répondit qu'en lui lançant un regard furieux. Mais le Parisien n'était pas homme à se déconcerter : il se mit à chanter de nouveau :

> J'n'aime pas les bigots,
> Car des sots

L'engeance me blesse :
Tous les faux dévots,
En deux mots,
Ont une maîtresse !

— Monsieur, dit l'abbé, si vous ne cessez pas vos chants scandaleux, je serai forcé de m'éloigner... Il me semble que vous pourriez respecter davantage ceux qui vous accompagnent.

— Respecter ?... Il a dit respecter, je crois ? reprit Thomas, en interrogeant Gros-Pierre.

— Que j'aie droit ou non à votre respect, veuillez me dire promptement ce que je puis avoir encore de commun avec vous... Nous voici hors de la ville : vous pouvez parler.

— Non pas, dit le fermier : il faut attendre que nous soyons dans la forêt, à ce même endroit où vous m'avez fait sauter ma pipe à dix toises au-dessus des sapins... vous savez ?

L'abbé Duval s'arrêta.

— C'est donc un guet-apens? s'écria-t-il.

— Il a peur, dit Thomas Gigoux, en montrant à Gros-Pierre le visage pâle du prêtre.

— Voyez si j'ai peur ! répliqua l'abbé, qui tira subitement deux pistolets de sa poche.

Gros-Pierre, se voyant ajusté, recula saisi d'épouvante. Mais Thomas Gigoux alla placer sa poitrine sous l'arme dirigée contre lui, et son visage ne laissa paraître aucune altération.

— Assassine-moi ! s'écria-t-il : je sais que tu seras assez lâche pour le faire... C'est un moyen de me forcer au silence.

— J'ai seulement voulu vous prouver à tous deux que j'étais en garde contre une surprise, répondit le prêtre, en désarmant ses pistolets.

— Lâche et fanfaron !

— Thomas, je t'en prie, songe à ta promesse, dit le fermier que la vue des armes avait rendu beaucoup moins désireux d'assister au dénouement de cette aventure.

— Lâche et fanfaron! répéta l'enfant de Paris : toujours le même!

— Je ne souffrirai pas les injures, monsieur!

— Vraiment!... Il faudra sans doute ménager mes expressions et te parler chapeau bas... à toi, Jacques Duval, le bâtard, le voleur, le faux ami... maintenant le mauvais prêtre!

— Je ne m'abaisserai pas à faire assaut de grossièretés avec vous, monsieur. Je vais écouter avec patience, et lorsque vous aurez exhalé votre fiel...

— Écoute donc ton histoire, car j'ai dit à Gros-Pierre que je la lui raconterais devant toi, pour lui faire connaître l'homme qui est venu cacher dans sa maison j'ignore quelle nouvelle infamie.

Ils se trouvaient alors sur la lisière de la forêt. Thomas Gigoux s'assit sur la mousse et Gros-Pierre prit place à côté de lui. L'abbé Duval resta debout, appuyé contre le tronc d'un sapin.

— Je commence... et libre à toi de m'envoyer une balle au cœur, si tu ne veux pas me laisser achever, car je ne te ménagerai pas.

Tu as dit autrefois à Gros-Pierre que tu étais natif de Paris, continua Thomas : c'est faux !... Tu es né dans la banlieue, pays de sottise et de fange, dont les habitans vendraient jusqu'à leur ame, si Paris, qui paie au poids de l'or leurs légumes et leurs fruits, la fraîcheur et la jeunesse de leurs filles, daignait encore acheter leur ame. Une de ces femmes que l'on voit courir les boulevards en robe de soie et qui changent ensuite leurs parures contre des haillons, pour aller se réfugier, vieilles et ridées à trente ans, sous les piliers des halles, ou, mourantes et gangrenées, sur le grabat d'un hospice,... une de ces femmes te donna le nom de bâtard avec la vie...

Jusque-là, je n'ai rien à te reprocher : tu n'es pas responsable des vices de ta mère..... mais le germe de la corruption couvait dans tes veines.

Un soir, mon père rapporta dans ses bras un enfant presque mort de froid qu'il avait trouvé sur la neige. Cet enfant fut réchauffé, placé dans mon lit, nourri, vêtu comme je l'étais moi-même... et cet enfant, c'était toi!

Pendant long-temps toutes les recherches que l'on fit pour découvrir ta famille n'eurent aucun résultat. On apprit enfin que ta mère venait d'expirer à Saint-Lazare. Il te restait un oncle, un vieux prêtre, qui consentit à te recueillir et à diriger ton éducation. Il était curé d'un village situé aux environs de Paris. Je te voyais souvent chez lui ; tu venais aussi fréquemment chez mon père..., Tu m'appelais ton ami,... N'est-ce pas, que nous étions amis, alors ?

Infâme et hypocrite!... Oh! laisse-moi te donner ces noms-là : ils t'appartiennent ! Mieux eût valu pour moi chercher l'amitié parmi les tigres du désert : une bête féroce n'aurait pu me déchirer le cœur comme tu l'as fait...,

Tiens, Gros-Pierre, regarde cet homme que tu as reçu chez toi... Eh bien, sais-tu où il devrait être à présent?... Au bagne!

— Monsieur, dit le prêtre, vous abusez indignement de ma patience ; vous oubliez que si j'ai commis des fautes dans ma jeunesse, Dieu me les a pardonnées...

— Et m'as-tu demandé pardon, à moi?

s'écria Thomas Gigoux, qui s'élança furieux vers l'abbé Duval. Dis, vil suborneur, qu'as-tu fait d'Adèle, cette jeune fille qui était si pure et si candide, avant que ton souffle empesté vînt flétrir son innocence?... D'Adèle, qui devait être ma femme et que tu m'as ravie, que tu as décidée à te suivre, après lui avoir conseillé de voler son père?

Le prêtre perdit toute son assurance en face de cet homme outragé, dont le cœur saignait encore après vingt ans passés sur une injure. Il eut peur de Thomas, qui se dressait devant lui de toute sa hauteur, et dont les yeux brillans de colère trouvaient cependant des larmes au souvenir de la femme qu'il avait aimée. Cette douleur était imposante et terrible ; elle menaçait d'être fatale à celui qui la réveillait par sa présence... Et l'abbé Duval, oubliant qu'il avait des armes pour se défendre, tomba aux pieds de celui qui se trouvait en même temps son accusateur et son juge.

— A genoux!... Oui, c'est ainsi que tu dois m'écouter, car Adèle est morte, abandonnée lâchement par un infâme ! Adèle est morte à dix-huit ans, sur la paille... morte de misère en maudissant son séducteur.

— Grace ! dit le prêtre.

— Non, non! point de grace ! car elle s'est écriée sur son lit de mort : « Maudit soit le monstre qui m'a perdue ! » Et moi, qui te retrouve après vingt ans, je te répète : Sois maudit, monstre, toi qui as perdu celle que j'aimais !

Le fermier, témoin de cette scène violente, et qui n'avait pas oublié que l'abbé Duval était porteur de deux pistolets, au moyen desquels il pouvait fort bien couper court à une conversation dont il n'avait pas le plus beau rôle, s'approcha de l'enfant de Paris, et lui dit à l'oreille :

— Assez, Thomas, assez !... C'est un gredin, je le vois ; mais prends garde de le mettre en colère... Que diable ! nous n'avons pas de pistolets, nous...

Le Parisien comprit la frayeur de son compagnon. Prompt comme l'éclair, il s'empara des pistolets de l'abbé, sans que celui-ci, qui se trouvait dans un complet anéantissement moral, opposât la moindre résistance. Il les remit à Gros-Pierre... Puis, à l'aspect de son ennemi tremblant et consterné, sa colère fit place à la douleur qu'excitaient en lui de si tristes souvenirs. Il se rassit et fondit en larmes.

Alors le fermier dit à voix basse au prêtre, qui n'avait pas quitté sa posture suppliante :

— Si vous m'en croyez, vous filerez vot' nœud le plus lestement possible... et surtout vous ne viendrez plus à la ferme ; car Thomas doit être mon gendre, et s'il vous voyait parler à Georgette... Dame, écoutez! il est payé pour n'avoir pas confiance en vous... et franchement, je n'en aurais pas davantage.

— Mais j'ai laissé chez toi différens objets...

— De l'argent, n'est-ce pas ?... J'aime l'argent, moi, c'est connu ; mais du diable si je voulais garder le vôtre ! il me porterait malheur. Marianne vous rendra tout ce qui vous appartient. Allez à la ferme à l'instant, j'aurai soin que Thomas ne vous y rencontre pas.

L'abbé Duval ne se fit pas répéter une seconde fois cette invitation. Bientôt il disparut derrière les sapins.

— Bon voyage ! s'écria Gros-Pierre.

— Voyons, Thomas, continua-t-il, en frappant sur l'épaule de l'enfant de Paris, point de faiblesse, mon garçon ! Ne pensons plus au jésuite : il est au diable !... Nous allons vider une chope à l'auberge du Gros-Caillou... Hein, qu'en dis-tu? et tout en buvant, tu m'achèveras cette enragée d'histoire, car, ma foi, je n'y comprends rien.

Une heure après, les deux amis trinquaient avec le postillon que l'abbé Duval avait gratifié d'avance d'un pour-boire extraordinaire pour le récompenser de la station qu'il faisait, en l'attendant, à la porte de l'auberge.

XVIII.

LA DERNIÈRE HEURE.

Deux femmes étaient assises sur un banc de pierre, devant la ferme où déjà nous avons conduit nos lecteurs. L'une d'elles, et c'était Georgette, n'avait pas encore quitté les habits de deuil qu'elle avait revêtus pour la cérémonie des funérailles. Marianne, qui la voyait triste et souffrante, essayait en vain de lui faire avouer la cause de sa tristesse : la pauvre fille ne répondait aux questions de sa mère qu'en versant des larmes et en frissonnant de tous ses membres, de sorte que celle-ci qui n'était pas très versée dans la connaissance du cœur humain, brusqua Georgette, au lieu d'employer la douceur pour amener une confidence.

D'ailleurs, elle était loin de soupçonner la nature du chagrin qui minait la jeune fille ; elle le soupçonnait causé par l'approche de son mariage avec Thomas, et n'était pas d'humeur à tenir compte d'un caprice, en retardant une union qui devait avoir lieu prochainement.

— Ma foi, dit-elle à Georgette, puisque tu ne veux rien me dire, va te coucher, ça te fera du bien !

La fermière rentra dans la maison, dont

elle referma la porte avec un mouvement de brusquerie.

— Oh! dit Georgette en relevant son visage baigné de pleurs, je n'aurai jamais le courage de dire cela : j'aime mieux mourir !

En ce moment, les bouledogues couchés aux pieds de la jeune fille redressèrent la tête et firent entendre un murmure qu'elle s'empressa de calmer, car presque aussitôt elle aperçut l'abbé Duval.

Il lui faisait signe de le suivre au rendez-vous qu'il lui avait désigné le matin, pendant leur courte entrevue à la chapelle.

En apprenant que son séducteur était un prêtre, Georgette avait perdu l'espérance de le revoir jamais. Cette persuasion avait presque mis sur ses lèvres un aveu fatal, dans l'entretien qu'elle venait d'avoir avec sa mère. La malheureuse paysanne, qui se croyait abandonnée, s'attacha donc au dernier espoir qui s'offrait à elle avec la joie du naufragé dont la main saisit l'algue du rivage. Elle avait été indignement trompée par cet homme qui avait abusé de sa faiblesse et de son cœur, tout en sachant qu'il ne pourrait jamais réparer sa faute. Elle avait en outre, depuis quelques jours, conçu d'horribles soupçons... Mais elle oublia tout devant une seule pensée : il était le père de son enfant !

Sublime amour maternel qui conduit une femme aux pieds de celui qu'elle aurait détesté s'il ne l'eût rendue mère !

La jeune fille se dirigea vers le jardin de la ferme, où le prêtre l'attendait.

L'abbé Duval était encore sous l'impression de la scène effrayante qui venait de se passer entre lui et Thomas Gigoux. A l'approche de Georgette, il lui prit les mains avec empressement et s'écria :

— Partons !

Son visage était blême. Il regarda partout autour de lui avec des yeux où se peignaient l'inquiétude et l'effroi.

— Partir !... O mon Dieu, dit la jeune fille en joignant les mains, me pardonnerez-vous de quitter mes parens ?

— Nous penserons à Dieu plus tard, dit le prêtre. Maintenant il s'agit de fuir Thomas que je viens de rencontrer et qui soupçonne nos relations, j'en suis sûr...

— Sauvez-moi ! sauvez-moi ! s'écria la jeune fille éperdue.

— Viens, dit le prêtre.

Il l'entraîna hors du jardin.

Le soleil allait disparaître derrière la montagne, et ses derniers rayons coloraient d'un reflet rougeâtre la cime des sapins et les tours massives du château d'Arthenay. L'abbé Duval, après une marche forcée dans les chemins les plus déserts du bois, introduisit Georgette dans le parc du château, par cette même porte qui lui avait livré passage pour consommer son crime. Cet endroit était le plus sûr qu'il pût choisir pour attendre la nuit et cacher la fuite de Georgette à tous les regards : un épais fourré permettait d'y arriver sans être aperçu et d'en sortir de même, en laissant toutefois la facilité d'observer ceux qui en approchaient.

Georgette était presque mourante : la fatigue de la marche et l'émotion l'avaient abattue. Le prêtre, qui la vit chanceler, la souleva dans ses bras et la déposa sur le gazon.

— Courage, mon enfant, lui dit-il : personne ici ne peut nous voir. Avant une heure, nous serons sur le chemin de Paris ; nous rejoindrons ma chaise de poste à la nuit tombante.

— Nous allons à Paris..., en chaise de

poste ? Vous êtes riche ? demanda la jeune fille.

— Regarde, dit le prêtre en lui montrant à ses pieds le vieux manoir et ses dépendances, tout cela est à moi !

— A nous plutôt ! continua-t-il en voyant l'étonnement de Georgette. Dès à présent, tu es ma femme bien aimée ; tout ce que je possède t'appartient... Oui, je suis riche et je l'ai bien mérité, car l'aisance dont nous jouirons me coûte assez cher...

— Assez cher ?... interrompit Georgette que ces paroles ramenèrent à ses premiers soupçons.

— Oh ! monsieur, dit-elle d'une voix tremblante, ne m'emmenez pas avec vous si vous avez un crime à vous reprocher !... Vous pouvez me laisser ici sans crainte : je ne veux pas que mon enfant rougisse de son père, et je lui cacherai jusqu'à votre nom, s'il arrive qu'un jour il me demande compte de la vie d'opprobre que je lui aurai donnée.

— Georgette ! interrompit l'abbé Duval, avec un éclat de voix qui fit frémir la jeune fille, taisez-vous, vous êtes folle !

— Enfin, s'écria-t-elle en essayant de surmonter sa terreur, le marquis a été assassiné le jour de la fête, quelques minutes après le signal que vous m'aviez demandé !... Quand je me rappelle toutes les circonstances qui ont accompagné ce meurtre, mes entretiens avec vous, votre inquiétude, ce voyage supposé...

— Vous êtes folle ! répéta le prêtre en faisant un geste de menace.

Georgette pencha la tête sur sa poitrine, et lui resta debout devant elle à la considérer attentivement et à se demander s'il n'était pas urgent de sacrifier une seconde victime à sa propre sûreté. Sans doute la jeune paysanne eut le pressentiment des pensées intimes du prêtre, car elle lui dit avec un courage désespéré :

— Si vous craignez mes révélations, tuez-moi !... Mais je ne vous suivrai pas...

L'abbé Duval voulut faire une dernière tentative pour convaincre Georgette de son innocence.

— Mademoiselle, lui dit-il froidement, je vais vous reconduire à la ferme : non que je craigne vos révélations : il est malheureusement trop certain que Léon d'Arthenay est le seul coupable... Mais je suis blessé par vos injustes soupçons. Si quelque chose m'étonne à présent, c'est que vous ayez consenti à me suivre jusqu'ici. Je suis prêtre, vous le savez... Cependant il y a loin d'une faiblesse à un crime...

— Dites-moi que ce n'est pas vous !... dites-le-moi, je vous croirai !

— C'était dans votre cœur que vous deviez trouver ma justification, Georgette. Maintenant séparons-nous : je ne vous aime plus.

— Pardonnez-moi !

— Je vous pardonne. En même temps, je remercie le Ciel qui vient de me rappeler au repentir, en me frappant d'une manière si terrible dans mes coupables affections.

— Mais vous allez donc me quitter? s'écria la malheureuse paysanne, en embrassant les genoux du prêtre. Vous ne songez pas que ma mère aura remarqué mon absence, qu'il faudra lui rendre compte de ma démarche et tout dévoiler? Déjà peut-être mon père et Thomas sont à notre recherche... ils nous tueront !

— Veuillez vous rappeler vos propres paroles, Georgette : ne venez-vous pas de me déclarer, à l'instant même, que rien ne vous déciderait à me suivre ?

— Ah! vous avez bien vu que j'étais folle!...

A quoi pensais-je, mon Dieu, de vous dire de pareilles choses?... Vous n'avez pas pitié d'une pauvre femme qui se traîne à vos pieds, en vous demandant pardon... Eh bien, quand vous auriez tué M. d'Arthenay?

— Silence, malheureuse! dit l'abbé Duval, en portant autour de lui des regards troublés... Ignores-tu donc que, lorsqu'il y a du sang humain répandu, les êtres inanimés eux-mêmes parlent pour accuser l'assassin?

— Quand vous l'auriez tué, répéta Georgette, d'une voix si basse, qu'à peine elle pouvait être comprise de l'abbé qui prêtait à ses paroles une oreille avide... ne suis-je pas votre complice? n'ai-je pas donné le signal du meurtre? Que m'importe qu'un vieillard ait quitté la vie, puisque je vais être mère et qu'il faut que mon enfant vive?... Vous voyez bien que nous pouvons partir ensemble... Car ce n'est pas vous qui avez tué le marquis, n'est-ce pas? j'en suis certaine, à présent...

— Voici la nuit, dit le prêtre : il est temps de gagner ma voiture.

Ils sortirent du parc et longèrent le mur d'enceinte pour ne pas être aperçus. L'abbé Duval marchait le premier... tout à coup il s'arrêta, et dit à Georgette en lui montrant le château :

— N'entends-tu pas des cris ?

— Oui, dit Georgette. Grand Dieu ! si l'on était à notre poursuite ?

— Ces cris viennent des appartemens, répondit l'abbé Duval : il se passe quelque chose d'extraordinaire. Nous allons entrer, attendu qu'il est impossible que ceci nous concerne... Mais, pour ne pas être reconnue, tu feras bien de te déguiser : j'ai là haut tout ce qui est nécessaire à cet effet.

Sans attendre la réponse, il disparut, et revint, au bout de cinq minutes, avec le déguisement qu'il voulait faire revêtir à la jeune fille. C'étaient les habits ecclésiastiques qu'il avait déposés, quelques heures auparavant, dans la chambre du chapelain.

Cédant à ses sollicitations, Georgette s'affubla d'une soutane, dont l'ampleur lui permit de garder, par-dessous, ses vêtemens de femme. Elle se coiffa d'un tricorne qu'elle rabattit sur ses yeux et suivit l'abbé Duval.

La curiosité de ce dernier s'était accrue, en voyant que le chapelain n'était pas chez lui, à une heure où il se couchait régulièrement. De plus, il avait rencontré Marguerite sur l'escalier principal : la vieille Allemande sanglotait avec amertume et ne l'avait pas reconnu. Le prêtre avait cru comprendre, d'après les exclamations de douleur qu'il avait recueillies sur son passage, que la vie de madame de Verneuil était menacée.

En effet, la malheureuse avait été frappée à mort, en entendant les sarcasmes furieux que l'abbé Duval lui avait lancés en la quittant. Elle sentait le déshonneur et la honte peser sur son front, en même tempss que sa dernière espérance fuyait de son cœur. Cet homme l'avait sacrifiée à une vengeance infernale; il s'était servi d'un odieux stratagème pour attirer à lui sa victime et la flétrir ensuite avec tout le venin de sa haine... A peine sorti de ses bras, il lui avait jeté l'injure et le mépris au visage ! La pauvre femme n'eut pas la force de considérer l'état d'abaissement et d'opprobre où elle était descendue. Un froid mortel glaça tout le sang de ses veines, lorsqu'elle comprit l'effrayante réalité de son malheur... Elle venait, dans le délire d'un entraînement passager, de se donner à celui qu'elle avait toujours regardé comme son mauvais génie. Le monstre avait ri de ses pleurs ; il ne lui avait laissé pour adieu que de sombres menaces et la perspective effrayante de la misère : c'était à en mourir !

Madame de Verneuil, comprenant qu'il ne lui restait que peu d'heures à vivre, réclamait les secours d'un prêtre, lorsque l'abbé Duval entra...

Il avait enfermé la jeune paysanne dans la chambre du chapelain, après s'être revêtu lui-même des habits au moyen desquels il l'avait introduite dans le château... Car, en collant son oreille sur le parquet de cette chambre, qui se trouvait immédiatement au-dessus de l'appartement de madame de Verneuil, il avait entendu celle-ci demander un confesseur...

Une atroce pensée lui étant venue, il résolut d'empêcher un autre que lui de recevoir les révélations de la mourante. Bientôt l'abbé

Pothier laissa l'ancien supérieur prendre place au chevet de madame de Verneuil, sans qu'elle se fût aperçue de la substitution.

Marguerite venait d'emmener Marie dont la douleur s'exhalait en sanglots près du lit de sa mère, et l'abbé Duval, se cachant la figure dans son mouchoir et déguisant sa voix, engagea d'un ton solennel madame de Verneuil à lui avouer les fautes dont sa conscience pouvait s'alarmer, à la veille d'aller paraître devant Dieu.

— Mon père, lui dit la malade, en se dressant avec effort sur son séant, n'est-ce pas qu'il est des crimes auxquels Dieu ne pardonne pas?

— Il est toujours disposé à pardonner au repentir, et c'est l'offenser que de douter un seul instant de sa miséricorde.

— Ainsi vous croyez, mon père, qu'il est

encore des espérances de pardon pour un prêtre infâme qui s'est continuellement attaché à mes pas, afin de m'entraîner dans l'abîme ?

— Je le crois, ma fille...

— Il ne paiera pas dans l'autre monde son adultère et ma mort?... car c'est lui qui me fait mourir.

— S'il connaissait votre état, peut-être serait-il le premier à prier avec vous le Dieu qui tend les bras aux plus grands pécheurs. Prenez garde, ma fille, d'ouvrir votre ame à la haine, quand l'heure approche où vous aurez besoin vous-même de miséricorde.

— Oh! non, non! s'écria la mourante avec un accent qui fit frémir le prêtre, Dieu n'aura pas de pitié pour celui qui n'en a pas eu pour moi, pour l'infâme qui s'est approprié l'héritage de l'orphelin !... Ecoutez, mon père : à cette heure suprême, le ciel m'ouvre enfin les yeux... Je connais l'assassin de M. d'Arthenay ! Un seul homme avait intérêt à commettre ce meurtre... Appelez tout le monde, que je dise son nom en face de tous !

— Ma fille, dit le confesseur qui sentit une sueur froide découler de ses tempes, voilà des sentimens qui me font craindre pour votre salut.

— Mais il ne s'agit pas seulement de moi, monsieur !... Il faut sauver Léon d'Arthenay qui gémit à cette heure dans un cachot ; il faut aussi sauver ma fille de l'indigence... Je veux parler, vous dis-je ! Je révélerai tout, dussé-je mourir la honte sur le front !

A ces mots, madame de Verneuil s'était presque dressée sur son lit. Le prêtre, saisi d'effroi, se précipita vers elle pour la retenir... Et ce fut alors seulement qu'elle le reconnut.

— Encore lui, mon Dieu!... Au secours ! Sauvez-moi de ce monstre !

Ce furent ses dernières paroles... car l'abbé Duval avait trop d'intérêt à étouffer cette voix accusatrice.

. . . .
. . . .

Une demi-heure après, il ouvrit la porte et dit à tous les habitans du château :

— Madame de Verneuil est morte : priez Dieu pour elle !

XIX.

L'AUBERGE DU GROS-CAILLOU.

Lorsque l'abbé Duval remonta dans la chambre du chapelain, il trouva Georgette évanouie. Sans chercher à se rendre compte des motifs de cet évanouissement, il prit la jeune fille entre ses bras et sortit à la faveur du trouble occasionné par le nouveau deuil qui venait d'affliger le château d'Arthenay.

Le prêtre erra long-temps au travers de la campagne. Un orage étant survenu, la pluie battait sur son front chauve, et la nuit était si noire qu'il faillit se noyer plus d'une fois avec Georgette dans les mares et les flaques d'eau qui bordaient la route. Il vit enfin briller entre les arbres une faible lueur, et reconnut l'auberge du Gros-Caillou.

Sa première idée fut de secourir la jeune fille qui n'avait pas encore repris ses sens... Mais, en collant son visage à l'unique fenêtre de la chaumière, il vit le fermier et Thomas Gigoux, tous deux attablés avec le postillon.

S'empressant de placer Georgette sur les coussins de la chaise de poste, il l'enveloppa soigneusement de son manteau; puis, après avoir fermé la portière, il entra seul, persuadé qu'il allait jouer sa vie, car il ne s'expliquait pas la présence de Gros-Pierre et de Thomas à l'auberge, à moins qu'ils ne fussent à sa poursuite.

Une vieille femme dormait près de l'âtre, où brûlaient en pétillant des branches de sapin.

Avant de pénétrer dans la salle, le prêtre eut peur de se trouver encore une fois face à face avec son ennemi mortel. Il s'assit, tremblant et mouillé jusqu'aux os, sur un escabeau boiteux qu'il trouva dans la cuisine, et prêta l'oreille avec angoisse à la conversation que les buveurs tenaient de l'autre côté.

— Voyons, Thomas, conte-nous donc ton histoire, disait le fermier en frappant la table de son verre avec humeur : tu nous laisses dormir ici comme des marmottes, et la pluie tombe d'une force à nous empêcher de regagner la ferme avant le jour.

— Ecoutez, beau-père, repliqua l'enfant de Paris, j'ait dit à Jacques Duval ce que j'avais sur le cœur et je lui ai parlé devant vous, afin de vous décider à le chasser de votre maison... Vous sentez bien que je ne pouvais pas souffrir un pareil homme sous le même toit que ma fiancée.

— C'est juste, dit Gros-Pierre.

— A présent, reprit Thomas, que je suis sûr qu'il ne remettra pas les pieds chez vous et qu'il ne cherchera pas à séduire Georgette, je veux oublier mes anciennes douleurs, et cette histoire les réveillerait.

L'abbé Duval commença seulement à respirer.

— Bah! s'écria Gros-Pierre, conte toujours : voilà du clairet qui renfoncera ton chagrin, s'il lui prend fantaisie de revenir.

— Ma foi, dit le postillon en bâillant de de toutes ses forces, essayez de me réveiller, car je m'endors tout comme vous... Ce diable de voyageur n'arrive pas.

Le prêtre eut dès lors la conviction que les deux paysans ignoraient la fuite de Georgette et n'étaient pas à la poursuite du ravisseur. Il secoua le bras de la vieille femme et, réprimant d'un geste le cri de surprise qu'elle fut sur le point de pousser à son réveil, il la conduisit près de la berline, où il parvint, avec son secours, à rendre l'usage du sentiment à la jeune paysanne. L'abbé prit place immédiatement aux côtés de Georgette qui, se croyant encore sous l'impulsion d'un rêve affreux, gardait le silence de la crainte ; glissant ensuite une pièce d'or dans la main de l'hôtesse, il la pria de ne rien révéler de ce qu'elle avait vu et lui dit d'aller appeler le postillon.

Ce dernier fut bientôt en selle.

— Au revoir, camarades ! cria-t-il aux deux paysans qui l'avaient accompagné jusqu'au seuil de la chaumière, nous viderons encore, à mon retour, une bouteille de clairet.

L'abbé Duval s'empressa de lever la glace de la berline, pour empêcher Georgette d'entendre la réponse, et les chevaux partirent au galop.

— Sainte Vierge ! dit l'hôtesse en examinant, à la clarté de sa lampe, la pièce d'or qu'elle devait à la générosité du voyageur, voilà tout juste de quoi payer mon terme à la Saint-Martin !

— Bon voyage, mon cher monsieur ! cria-t-elle à l'abbé qui ne pouvait plus l'entendre ; que Dieu et sa sainte mère vous conduisent !... Nos pouilleux de montagnards ne m'en ont pas tant donné tous ensemble, depuis trente ans que je suis ici... Je connais quelqu'un, ajouta-t-elle en fixant avec une expression pleine de malice ses yeux gris et chassieux sur le fermier qui l'écoutait, je connais quelqu'un qui donnerait demain bien des jaunets comme celui-ci pour avoir su tout à l'heure que sa fille partait en chaise de poste.

— Qu'est-ce donc que vous avez à grommeler entre vos dents, mère aux écus? demanda Gros-Pierre.

— Ça ne vous regarde pas, répartit aigrement la vieille. Seulement vous feriez bien de rester chez vous à surveiller vos poulettes, au lieu de venir grenouiller ici! Vous me faites passer une nuit blanche et vous ne me donnerez pas un liard en sus de votre écot... C'est bon, c'est bon, vous ne savez guère ce qui vous pend à l'œil.

— Au fait, dit Gros-Pierre en riant, Marianne pourra fort bien me chanter matines avec une kirielle de sottises.

— Et vous pourrez à votre tour lui casser un manche à balai sur le dos pour l'apprendre à mieux surveiller... Mais bah! cela n'empêchera pas...

— A qui diable en veut cette vieille folle? s'écria Thomas avec impatience.

— Tiens, l'autre amoureux qui prend la mouche...

— Allons, taisez-vous, la mère, et donnez-nous du clairet. Vous pourrez ensuite aller vous coucher... Vous ressemblez au temps, vous n'êtes pas de bonne humeur, ce soir.

L'hôtesse plaça plusieurs bouteilles sur la table, en murmurant des paroles inintelligibles; puis elle se retira dans la cuisine et se rendormit près de l'âtre.

— La pluie tombe toujours et le vent souffle à déraciner les sapins, dit Gros-Pierre en versant à boire à son compagnon. Ma femme ne nous attend pas à une pareille heure de nuit et par ce temps d'enfer... Voyons ton histoire.

— Puisque vous le voulez, beau-père, je commence. Quand j'aurai fini, vous me demanderez peut-être pourquoi je n'ai pas étranglé celui qui m'a tant fait souffrir, lorsque je le tenais tout à l'heure à ma merci... Que voulez-vous ? Il y a vingt ans, il ne serait pas sorti sain et sauf d'une pareille rencontre. Aujourd'hui, je n'ai trouvé que des larmes au lieu de ma colère ; et puis le souvenir de mes premières amours ne peut plus m'émouvoir comme autrefois, vous comprenez ?

— Sans doute, puisque tu en as d'autres...

Gros-Pierre alluma gravement sa pipe et, s'accoudant sur la table, il se tint prêt à écouter le récit de Thomas.

— Vous le savez, beau-père, dit celui-ci, Jacques Duval que nous croyions sans famille avait fini par retrouver un de ses parens dans le curé de Passy, village qui touche à l'une des barrières de la capitale. Ce vieux ecclésiastique l'instruisit lui-même et le destina dès lors à la prêtrise. Mais une fois que le neveu eut terminé ses études et qu'il se sentit capable de voler de ses propres ailes, il chercha le moyen d'échapper à la surveillance et aux désirs de son oncle.

Tous les dimanches j'allais le voir à Passy. Il n'avait rien de caché pour moi ; je lui confiais également mes pensées et mes projets d'avenir... Nous avions tous deux dix-huit ans : c'est l'âge des passions.... Déjà mon cœur avait parlé.

Un jour, en me promenant avec Jacques dans les avenues du bois de Boulogne, je lui avouai que j'aimais une jeune fille belle et vertueuse. Je lui dis qu'elle m'était promise pour femme, si je devenais capable de succéder au père d'Adèle, qui était bijoutier et chez lequel je travaillais.

A cette confidence, celui que j'appelais mon

ami me prit les mains avec émotion ; ses joues étaient colorées et de grosses larmes roulaient sous ses paupières.

— Tu es bien heureux, me dit-il.

— Oh! oui, lui répondis-je, oui, Jacques, je suis bien heureux, va! Si tu savais comme elle est bonne et douce, mon Adèle, comme j'en suis aimé?

— Elle t'aime? s'écria-t-il, elle te l'a dit?

— Oui, repris-je avec transport; hier, j'ai senti sa main presser la mienne; j'ai reçu son premier baiser d'amour...

Je m'aperçus qu'il devenait très pâle et qu'il était obligé de s'appuyer contre un arbre pour ne pas tomber.

— Qu'as-tu donc? lui demandai-je.

— Hélas! me répondit-il avec des sanglots, je ne connaîtrai jamais ce bonheur-là.

— Pourquoi pas? lui dis-je assez étourdiment.

— Parce que, répondit-il d'une voix sombre, ma destinée me défend cet espoir. En reconnaissance de tout ce que mon oncle a fait pour moi, je dois obéir à l'impulsion qu'il me donne et me faire prêtre.

— Tu as raison, mon ami : laisse-toi guider par l'expérience de ton oncle... c'est un excellent homme.

Il me serra le bras d'une force à me faire crier ; ses yeux lançaient des flammes et ses lèvres s'agitaient convulsivement, comme celles d'un homme en proie à la plus violente fureur.

— Ainsi donc, murmura-t-il, il faut que je renonce à toutes les joies de la vie, n'est-ce pas? que j'enferme ma jeunesse entre les quatre murs d'un cloître, quand je sens les passions brûler mon sang, quand mon ame tout entière pleure des plaisirs inconnus?... Je dois, sous peine d'être flétri du nom d'ingrat, arracher par lambeaux tous les fougueux désirs de mon cœur, baisser les yeux à l'aspect d'une femme, lorsque tout mon être s'embrase et tend à s'unir à elle avec le délire et les transports de l'amour? Crois-tu donc que je puisse résister à un pareil supplice?... Non, ce serait l'enfer! Je veux vivre aussi, moi, je veux vivre, entends-tu? Je veux sentir mes lèvres palpiter sous un baiser; je veux éteindre le feu qui me consume, et l'éteindre au sein d'enivrantes jouissances... Non, mille fois non, je ne serai pas prêtre!

Le malheureux poussait des rugissemens et ses bras se raidissaient avec désespoir. J'avais la bonhomie de pleurer; je prenais en pitié ce que je croyais sa souffrance... c'était une rage, et voilà tout!

— Mais, lui dis-je, rien ne te force à continuer. Fais connaître tes sentimens à ton oncle : il a trop de bon sens pour ne pas t'engager lui-même à renoncer à l'état ecclésiastique.

— Tu es dans l'erreur, me répondit-il : un vieillard ne se souvient jamais d'avoir vécu. Les rêves brûlans d'un jeune homme sont taxés de folie par les têtes à cheveux blancs. Si je tenais à mon oncle un discours pareil à celui que tu viens d'entendre, il me traiterait de libertin, et je ne veux m'exposer aux radoteries de sa morale surannée.... Attends-moi, je vais revenir.

Il s'éloigna. J'ai su depuis qu'il avait été dévaliser le vieux prêtre, en profitant de son absence pour s'emparer d'une centaine d'écus que le brave homme avait touchés la veille. C'était un trimestre de son modique traitement. Si quelqu'un pâtit de cette indigne escapade, ce furent les pauvres de sa paroisse.

En venant me rejoindre après son vol, Jacques me cria, du plus loin qu'il m'aperçut :

— Le sort en est jeté, je défroque! Allons ensemble à Paris!

— Pour y demeurer? lui demandai-je.

— Certainement. Demain j'écrirai à mon oncle que, la carrière à laquelle il me destinait n'étant pas dans mes goûts, je suis décidé à prendre ton état. J'entrerai chez ton patron comme apprenti bijoutier.

Ce projet, qui devait me donner un ami pour compagnon de travail et de plaisir, fut accepté de ma part avec ravissement.

— C'est convenu! m'écriai-je. Allons parler de suite au père d'Adèle.

— Non pas... à demain les affaires sérieuses. Je veux profiter de mes premières heures de liberté : nous allons faire des folies!

Peu d'instants après, nous étions dans la rue Saint-Honoré, courant comme des étourdis et nous heurtant à la foule qui nous accueillait avec des injures. Je me rappellerai toujours l'effroyable juron d'un grenadier de la garde que Jacques avait inconsidérément poussé dans le ruisseau. Cent personnes furent, en moins d'une minute, rassemblées autour de nous, et je vis l'heure où le grognard furieux allait pourfendre l'insolent qui ne lui avait pas cédé le haut du pavé. Mais Jacques, sans se déconcerter, fit sonner les écus de son gousset; prenant ensuite le bras du soldat, il le fit entrer dans un restaurant voisin.

Toute la colère de ce dernier s'évanouit devant une table chargée de mets et de bouteilles : en sortant, nous l'avions laissé sous la table.

— Maintenant, s'écria Duval, il nous faut à chacun une femme !

— Y penses-tu ? répliquai-je en balbutiant, car je ne pouvais pas me flatter d'avoir conservé toute ma raison... Jacques, il faut rentrer chez mon père.

— Charmante idée ! fit le mauvais sujet, en

m'entraînant sous les arcades du Palais-Royal.

Et sans que je puisse, encore aujourd'hui, m'expliquer ma conduite autrement que par l'ivresse, je passai la nuit dans un lieu de prostitution.

Le lendemain, il fallut recourir au mensonge pour calmer la colère de mes parens. Duval soutenait avec effronterie que nous avions couché chez son oncle. Malheureusement le vieux prêtre arriva, dévoré d'inquiétude : il était à la recherche de son neveu. Je tremblais, en pensant que tout allait se découvrir ; mais mon complice le prit à l'écart et joua si bien l'hypocrisie que le vieillard s'en retourna désarmé... Seulement, à partir de ce jour, il tomba malade. Au bout de quelques semaines, Jacques Duval accompagnait d'un œil sec le cercueil de son oncle.

Déjà plusieurs circonstances m'avaient fait

pressentir la perversité du caractère de Jacques. Peu s'en fallut qu'il ne maudît la mémoire de son bienfaiteur, parce que le digne homme avait légué son pauvre mobilier à une domestique qui le servait depuis trente ans. Il n'avait donné à son neveu que sa garderobe et sa bibliothèque.

— Deux perruques et trois soutanes rapées, dit Gros-Pierre : voilà comme il m'a conté la chose, lui...

— Et quand son oncle l'aurait entièrement déshérité, reprit Thomas, ne devait-il pas respecter son souvenir ? Ne devait-il pas verser quelques larmes sur la tombe d'un homme qui avait consacré ses vieux jours à soigner son enfance et à instruire sa jeunesse ?

— Voyez-vous, beau-père, continua l'enfant de Paris, en portant une main sur son cœur, il n'y a point de ressource quand il n'y a rien là !... Deux jours après le décès de son oncle, Jacques Duval avait vendu garderobe et bibliothèque. Il ne revint à l'atelier qu'après avoir tout mangé. Le patron voulait le chasser; mais, Adèle et moi, nous prîmes sa défense, et il resta.

Adèle prit sa défense!.... Et je ne comprenais rien, je ne voulais rien comprendre, bien que, de jour en jour, elle devînt plus froide et plus réservée à mon égard. Je laissais Jacques causer des heures entières avec elle, sans m'inquiéter de ce qu'il pouvait lui dire. Me sentant incapable de trahir un ami, je croyais que les autres avaient ma délicatesse; je le jugeais d'après mon cœur. Cette confiance allait si loin, qu'un jour, ayant surpris Adèle en larmes et Duval assis près d'elle un papier à la main, je trouvai tout simple que la jeune fille s'intéressât à mon ami, car, ce papier, c'était sa feuille de route.

— Je ne serai pas soldat, je ne veux pas

l'être ! s'écriait Jacques, en froissant dans ses main l'ordre fatal. L'usurpateur ne me forcera pas à marcher à la boucherie.... C'est un monstre, un buveur de sang !...

Et mille autres horreurs qu'il disait du grand-homme.

Adèle sanglotait. Moi je ne pus m'empêcher de trouver un peu de lâcheté dans la conduite de Jacques.

— Cependant, lui dis-je, il faut bien te résoudre à partir.

— Jamais ! s'écria-t-il : dès ce soir, je retourne au séminaire.

— Au nom du ciel ! s'écria la jeune fille, ne vous faites pas prêtre : faites-vous plutôt soldat !

Ces mots étaient à peine prononcés que je la vis rougir et devenir pâle tour-à-tour.... Le premier soupçon venait d'entrer dans mon cœur : j'entraînai brusquement Duval, et, lorsque nous fûmes dehors :

— Tu aimes Adèle ! lui dis-je avec colère.

Il me regarda froidement et me répondit :

— Mon cher, tu es fou….

— Alors, m'écriai-je, c'est-elle qui t'aime !

— Enfant, reprit-il, il y a une grande différence entre l'amour et l'amitié. Adèle éprouve ce premier sentiment pour toi, et comme ton ami, j'ai peut-être une faible place dans son cœur…. Il me semble que c'est assez naturel.

Cette réponse flattait mon amour-propre : je lui demandai pardon de ma vivacité; puis je le conduisis jusqu'à la porte du séminaire.

Cependant on découvrit son asile, et, bon gré mal gré, il lui fallut endosser le sac et la giberne. Mon père avait fait un énorme sacrifice pour m'acheter un remplaçant : cela n'empêcha pas que je ne fusse menacé à mon tour. Les désastres de l'empereur occasionnaient de nouvelles levées de troupes, et ma dernière espérance, pour échapper à la conscription, était dans mon mariage avec Adèle.... Mais, ni mes sollicitations, ni les ordres de son père ne purent fléchir la jeune fille. Elle me donna, pour motiver son refus, une foule de mauvaises raisons que je trouvais très bonnes, parce qu'elle m'embrassait en pleurant et me jurait qu'elle m'aimait toujours.

Oh! les femmes, les femmes!.... qui pourra jamais comprendre leur cœur ? Pendant qu'elle me prodiguait les plus tendres caresses, elle pensait à un autre, et peut-être préparait-elle déjà la plus infâme des trahisons !

Nous étions alors en 1813. Bonaparte était revenu de Russie, et tous les jours on attendait, aux portes de la capitale, ces bandes féroces de Cosaques, encore toutes sanglantes du meurtre de nos soldats. J'avais obtenu d'être enrôlé dans l'un des régimens laissés à la défense de Paris : ce régiment n'était rien autre que celui de Jacques.... Un mois après, j'étais nommé son caporal.

C'est maintenant, beau-père, que vous allez me demander pourquoi je ne l'ai pas tué, en dépit des habits de prêtre sous lesquels il cache encore aujourd'hui, j'en suis sûr, une ame noire et perfide... car un scélérat de son espèce ne change pas.

Un matin, il manque à l'appel. Persuadé qu'il allait revenir, je fais mon possible pour excuser son absence ; mais deux jours se passent sans qu'il mette le pied à la caserne. J'obtins un congé pour aller à sa recherche, avant de le laisser accuser de désertion, et ma première démarche fut d'aller chez mon père demander si Jacques n'y avait pas paru...

Malédiction ! Je trouvai là un vieillard

éploré qui demandait sa fille à grands cris, sa fille, celle qui m'était promise, Adèle, partie depuis deux jours avec un militaire dont l'uniforme était resté dans sa chambre. Et j'étais accusé, moi, j'étais accusé d'un vol! Car cet uniforme était celui de mon régiment, car les infâmes avaient emporté tout l'argent qui se trouvait dans la caisse du vieux bijoutier ; ils lui avaient pris ses objets les plus précieux.... Malheur ! Et ma pauvre mère s'était jetée suppliante aux genoux de mon patron ; elle l'avait conjuré de ne pas me déshonorer, parce qu'elle me croyait coupable... Jacques avait eu le temps de s'enfuir avec Adèle; ils étaient déjà loin peut-être....

— Ah ! dit Gros-Pierre, en brisant sa pipe sur la table, je l'aurais tué, moi !

— Je sortis de chez mon père, emportant les pièces de conviction que le traître avait laissées dans la chambre de la jeune fille. Il y avait au moins une heure que je marchais sous l'influence du désespoir, sans retrouver le chemin de la caserne. Enfin j'atteignis le boulevard et le bruit de la foule dissipa mon égarement... Je songeais à la vengeance : il me fallait le sang de cet homme, il me le fallait !... Pourtant je l'ai rencontré, là, sur mon chemin, sans pouvoir l'atteindre... Oh !...

— Lui, Jacques ? s'écria le fermier : tu l'as vu le jour même ? Il n'était pas parti ?

— Non, répondit Thomas, après un silence pendant lequel il essuyait une larme brûlante qui tombait de ses yeux : je les ai vus tous deux ! J'allais quitter le boulevard et monter le faubourg Poissonnière, lorsque j'entendis un éclat de rire moqueur retentir derrière moi. Je tournai la tête... C'étaient Adèle et son séducteur qui passaient rapides comme le vent, dans une calèche découverte.

Je sentis mes jambes fléchir ; ma tête frappa

le pavé du boulevard... et lorsque j'ouvris les yeux, j'étais sur mon lit, à la caserne.

Le lendemain, mon régiment avait l'ordre de quitter Paris pour se diriger sur la frontière : il fallut obéir et laisser là ma vengeance.

— C'est alors, mon brave garçon, dit Gros-Pierre, les larmes aux yeux, que nous avons fait connaissance ensemble. Si ma ferme n'a pas été livrée au pillage, à qui le dois-je, si ce n'est à Thomas Gigoux le caporal ? Tu te souviens que je t'ai dit : « Thomas, si jamais vous avez besoin de moi, vous me trouverez fidèle au poste... Et j'ai tenu ma parole ! »

— Oui, dit l'enfant de Paris en tendant la main au fermier, lorsqu'à mon retour je me vis orphelin ; lorsqu'un triste hasard m'eut fait rencontrer Adèle expirant, misérable et dégradée, dans la mansarde où elle cachait sa honte, et que cette femme que j'avais tant aimée m'eut fait connaître son abandon, sans pouvoir me donner le moindre indice qui pût me mettre sur la trace du lâche qui l'avait séduite, je lui fermai les yeux et, me rappelant votre promesse, je vins habiter ces montagnes. Vous m'avez aidé de vos conseils et de votre bourse ; grace à vous, je jouis à présent d'une modeste aisance... Merci, beau-père, je rendrai votre fille heureuse!

Un rire aigu et saccadé se fit entendre dans la cuisine, en réponse aux dernières paroles de Thomas : la vieille ne dormait plus.

— Avez-vous du clairet pour arroser les fiançailles? demanda-t-elle à ses hôtes.

— Non, répondit le fermier. Apportez-nous de l'eau-de-vie, mère aux écus ; nous allons faire un brûlot.

L'hôtesse entra dans la salle, une bouteille à la main.

— Quand donc aura lieu ce mariage? dit-elle à Gros-Pierre avec la même expression de méchanceté que ce dernier avait déjà remarquée quelques heures auparavant.

— Mais le plus tôt possible, répondit-il en soutenant le regard plein de rancune de la vieille femme.

— Dites-moi, reprit-elle, prendrez-vous autre chose après votre brûlot ?

— Un instant, la vieille... Diable ! vous voulez donc nous griser ?

— La vieille, la vieille !... Je le sais bien que je suis vieille !... Puisque vous avez fini, payez votre dépense !

— Oh ! oh ! mère Durand, avez-vous donc peur de la banqueroute ?

— Non, je sais que vous êtes riche, répondit avec un air goguenard l'hôtesse au fermier... Mais voyez-vous, c'est que je serrerais vos gros sous dans ma tirelire, en même temps que la pièce d'or de ce brave monsieur...

— Ah! il vous a donné une pièce d'or?

— Vous avez bu six bouteilles de clairet à quatre sous la bouteille, ce qui fait vingt-quatre sous.... Ajoutez seize sous pour le brûlot, ça nous fera quarante...

— Tenez, vieille sorcière ! dit le fermier en jetant sa monnaie sur la table.

L'hôtesse alla mettre son trésor sous clé, puis elle revint s'asseoir à côté des buveurs.

— Il y a aujourd'hui neuf ans que mon pauvre homme est mort, dit-elle en attachant ses yeux gris sur la figure du fermier. A peine était-il sous terre, qu'un richard des environs auquel il devait soixante francs vint ici me menacer, moi pauvre veuve, de faire saisir mes meubles...

— Comment, vous n'avez pas encore oublié cela ?

— Que non ! je n'oublie pas facilement, moi.

— Écoutez, dit le fermier, votre mari, Dieu veuille l'avoir en sa sainte garde ! était un ivrogne...

— Comme vous ! interrompit l'hôtesse.

— Soit, répliqua Gros-Pierre. Je lui avais réclamé vingt fois cet argent, sans rien obtenir : pourtant je savais qu'il était à même de me le rendre... Et vous, la mère, lorsque je vous en ouvrais la bouche, vous m'envoyiez au diable. J'ai usé des moyens que la loi m'offrait pour me faire rembourser... N'était-ce pas juste, Thomas ?

— Il n'y a rien à dire, répondit celui-ci.

— Ta, ta, ta, fit la vieille, vous vous entendez comme larrons en foire. C'est égal, le bon Dieu punit les cœurs durs, et la preuve c'est que le mariage dont vous parlez n'aura pas lieu.

— Et pourquoi cela, vieille radoteuse? cria vivement Thomas.

— Parce que Georgette est partie avec le monsieur qui m'a donné une pièce d'or.

— Laisse-la tranquille, elle est folle! dit Gros-Pierre à l'enfant de Paris qui se levait furieux.

— Êtes-vous encore là? cria une voix du dehors.

— Tenez, dit la vieille en ricanant, en voici un qui vous donnera des nouvelles de votre fiancée.

La porte de la salle s'ouvrit, et le postillon entra.

— Je suis chargé de vous faire des complimens de la part du voyageur que je viens de conduire, dit-il aux deux paysans déjà muets de stupeur.

— Son nom? demanda Thomas d'une voix étouffée.

— Attendez, il ne me revient plus... C'est un prêtre toujours : il m'a dit qu'il vous faisait cadeau de ses pistolets.

— L'abbé Duval ?

— C'est cela même.

— Une femme était avec lui ?

— Je n'ai fait que l'entrevoir...

—Eh bien ! vous partez sans achever le brûlot ? cria la vieille d'une voix chevrotante aux deux paysans qui étaient déjà sur le chemin de la ferme... Ils ne m'invitent pas à la noce, encore !... Hé ! hé ! ils trouveront l'oiseau déniché !

XX.

OU L'AUTEUR DIVAGUE.

Il est une chose dont j'aurais dû prévenir le lecteur dans ma préface, c'est que ce livre est écrit pour les hommes qui ont affranchi leur jugement de ces préjugés gothiques enracinés dans l'esprit des douairières du faubourg Saint-Germain, et que les hypocrites exploitent à leur profit et à la honte du christianisme.

Peu m'importe si ces derniers, furieux de se voir démasqués, versent sur moi leur fiel de faux dévots ; comme autrefois, du moins, ils n'auront pas la puissance de mettre mon œuvre à l'index, et je poursuis ma tâche avec la conviction d'avoir porté la main sur l'une des plaies les plus dangereuses du corps social, le MAUVAIS PRÊTRE.

Il n'est point de société possible sans religion, puisque la religion seule est dépositaire de la morale, en dépit de tous les systèmes erronés qui voudraient confier ce dépôt aux soins des législateurs. Le crime s'arrête devant un principe et non devant la hache du bourreau. C'est là une de ces vérités éternelles que tous les paradoxes possibles n'ébranleront jamais.

Rendez les hommes bons et vertueux ; cherchez à faire entrer dans leur cœur de salutaires croyances ; favorisez le développement des idées religieuses... Mais avant tout, posez une digue infranchissable au flux perpétuel d'envahissement qui jette, au milieu de nos affaires civiles, un clergé corrompu. Ceux-là doivent être réformés d'abord, qui ont reçu la mission d'enseigner leurs semblables. Lorsqu'ils répudient cette mission sacrée, le glaive de la loi doit les atteindre, l'indignation des masses les poursuivre, et la voix de l'écrivain tonner contre eux.

Mais, objecteront quelques ames pusillanimes, que le scandale épouvante et qui aiment mieux douter que d'acquérir une certitude, au préjudice de l'admiration discrète et respectueuse qu'elles professent pour tout ce qui tient au sanctuaire, ne doit-on pas jeter un voile sur les désordres d'un prêtre, plutôt que de les dénoncer à la vindicte de l'opinion ? Faut-il donc rendre public ce qui peut rester dans l'ombre et prêter aux ennemis du christianisme des armes pour le combattre ? Tracer le portrait d'un mauvais prêtre, n'est-ce pas donner aux impies le droit d'assimiler tous les autres à ce portrait ?

Je réponds à cela que celui qui généralise un fait isolé, ou qui applique à tout un corps un caractère dont l'odieux ne doit retomber que sur quelques membres, est un écrivain déloyal dont la logique mensongère n'obtiendra jamais l'assentiment des hommes sensés. Ces derniers pouvant seuls travailler à la régénération sociale, c'est pour eux seuls que j'écris. Ils comprendront que, en déversant le blâme sur les ministres indignes d'une religion qui a civilisé le monde, je n'attaque pas les bases du christianisme, ni les prêtres qui en observent la morale dans sa pureté primitive.

Faudra-t-il donc se taire et brûler de l'encens devant une idole pourrie, quand, de nos jours, nous avons vu tous les vices s'étaler hideusement sous une soutane de prêtre ; quand nous rencontrons, le soir, dans des lieux de débauche et de prostitution, les figures que, le matin, nous avions remarquées à l'autel ; quand, au milieu de nos tentatives d'amélioration et de liberté, nous trouvons à chaque pas, sur la route du progrès, les obstacles qu'y sèment sans relâche l'intolérance et l'ambition du clergé ? Faudra-t-il, par un coupable silence, cacher la cause évidente du discrédit dans lequel est tombé le christianisme que l'on nous présente aujourd'hui comme une religion qui meurt de vieillesse et de décrépitude ?... Sectaires imbéciles, novateurs stupides, qui n'avez pas compris que l'œuvre du Christ ne peut périr, qui voulez renverser l'édifice lorsqu'il ne s'agit que d'en chasser quelques habitans, dont la présence en souille la sainteté !

Forcez l'aristocratie de l'Église à ne pas franchir le seuil du pouvoir temporel. Ne recevez pas dans les écoles ecclésiastiques le premier paysan qui trouve sa charrue trop lourde et qui veut changer sa cabane contre un presbytère. Ne donnez pas les évêchés à de nouveaux cadets de famille, tranchant du grand seigneur, au mépris du vœu de pauvreté que l'Évangile leur prescrit, et faisant languir dans leurs antichambres le simple curé de village. Choisissez, pour enseigner les peuples, des hommes qui sachent ce que c'est que le monde, qui, après avoir en expérimenté les écueils, jugé les passions, méprisé les plaisirs, ne fassent pas de leur noble ministère un commerce impur, ne troublent pas les familles, n'épouvantent pas les consciences par des chimères, ne réduisent pas au désespoir ceux qui demandent des consolations, ne scandalisent pas ceux qu'il faut édifier...

Et vous n'aurez plus de mauvais prêtres, et vous ne prendrez plus pour l'agonie du christianisme une indifférence qui n'est que le résultat des vices de ceux qui prêchent l'Évangile.

Je répète ici ce que j'ai dit dans ma préface : le prêtre, lancé dans la voie du crime, ne sait plus s'arrêter, et le caractère de l'abbé Duval en est une preuve. On ne m'accusera pas d'exagération, puisque les archives judiciaires pourraient produire des faits plus odieux encore. Mais, en regard de ce caractère, dont je prétends que les couleurs ne sont point chargées, j'ai placé celui d'un bon prêtre ; et je devais agir ainsi, pour moi d'abord qui me ferais scrupule d'attaquer sans défendre, ensuite pour ceux de mes lecteurs qui ne verraient dans cet ouvrage qu'une déclamation en deux volumes contre un abus, sans apercevoir le but moral que j'ai désigné à ce livre.

On n'a pas oublié sans doute un personnage avec lequel nous avons fait connaissance au commencement de cette histoire et qui n'a quitté le château d'Arthenay qu'avec la persuasion d'avoir rendu le bonheur à des personnes qui lui étaient chères.

L'évêque d'H***, sur la vie duquel le lecteur nous saura gré de lui donner quelques détails, ne fût-ce que pour reposer son esprit fatigué par la sombre peinture du crime, est, à l'époque où nous sommes arrivés, un vieillard de soixante-cinq ans, frais et vigoureux encore malgré les traverses qui ont sillonné sa vie. Il fut un de ces hommes auxquels la prudence conseilla de ne pas lutter contre la hache révolutionnaire, et qui, ayant eu le bonheur d'échapper au bourreau, ainsi qu'à l'agonie prévue, et mille fois plus cruelle que la mort, des prêtres déportés à Cayenne, revinrent, après une tempête qu'ils n'avaient pu conjurer, consoler la France dont le sol volcanique tremblait encore et lui montrer les vertus d'un autre âge. Bien que l'état ecclésiastique lui eût été assigné par des convenances de famille, Victor-Amédée d'Arthenay ne s'était jamais mêlé à la troupe débauchée de ces fringans et voluptueux abbés de cour auxquels étaient dévolus tous les bénéfices. Curé d'une pauvre campagne, il n'avait quitté son troupeau qu'à la dernière extrémité, c'est-à-dire à l'heure où, surpris par les satellites du pouvoir au milieu des saintes fonctions de son ministère, il s'était vu traqué comme une bête fauve, par les bois et les champs, sans trouver un asile où reposer sa tête.

Un vaisseau partait pour les Indes : il s'embarqua, ne comptant plus revoir sa malheureuse patrie. Son zèle lui fit porter, avec les lumières de la foi, le germe de la civilisation chez des peuplades lointaines et barbares, et ses travaux évangéliques lui valurent, près des Bourbons, la recommandation de la cour de Rome. Il revint donc en France et Louis XVIII s'empressa de le nommer évêque *in partibus.*

Le monarque valétudinaire, qui ne croyait qu'en lui-même et en ses maîtresses, n'oublia pourtant pas de gratifier du titre d'apôtre celui que le Saint-Père désignait à sa protection.

Ce fut à cette époque que le missionnaire retrouva son frère, le marquis d'Arthenay, qui vint lui rendre visite au séminaire de Saint-Sulpice. C'était là que l'évêque d'H*** avait fixé sa résidence, et, quelques mois après, le bon prêtre préparait bien innocemment le drame dont nous faisons l'histoire, en décidant madame de Verneuil à rejoindre le marquis et en donnant pour précepteur à son neveu l'hypocrite qui avait usurpé sa confiance. Cependant il croyait avoir réparé ces torts involontaires par l'expulsion de l'abbé Duval, ne présumant pas que M. d'Arthenay pût croire encore assez à l'innocence de son directeur pour le cacher à tous les regards dans le voisinage de son château.

La fatigue de son dernier voyage dans les Vosges ayant altéré la santé de l'évêque, les médecins lui conseillèrent de quitter Saint-Sulpice pour aller habiter une maison de campagne à Crécy, joli petit bourg tout orgueilleux de ses souvenirs, et qui prendrait volontiers les allures d'une ville de guerre. Néanmoins il rachète le ridicule de ses prétentions martiales par le charmant paysage de ses environs.

Nos artistes qui vont chercher si loin des sites variés et pittoresques devraient, à leur retour de la Suisse ou de l'Italie, remonter le Rhin jusqu'à Strasbourg et suivre, pour regagner Paris, l'itinéraire que je vais leur tracer et que la nouvelle route d'Allemagne leur rendra facile.

Ils s'engageraient d'abord sous l'ombrage des noyers touffus qui bordent les chemins de l'Alsace, recueillant çà et là dans cette promenade de vingt lieues le sourire agaçant des jeunes Alsaciennes, le salut profond et silencieux de l'anabaptiste, le cigare du planteur de tabac et les propositions mercantiles du juif ambulant; puis atteignant, essoufflés, la crête du *Ballon*, cette énorme montagne autour de laquelle la route se replie comme un serpent, ils salueraient une dernière fois, dans la brume de l'horizon, la flèche gothique de Strasbourg et s'élanceraient joyeux dans les Vosges.

Qu'ils s'arrêtent alors ! car ici l'air est pur

et dilate une poitrine d'artiste. Sous la cabane hospitalière de nos montagnards, ils trouveront des mœurs patriarchales et des émotions jusqu'alors inconnues. La jeune fille dormira sans crainte sur un lit voisin du lit de mousse qu'elle aura préparé pour les étrangers, et ceux-ci respecteront son innocence, car rien ne rend vertueux comme l'aspect d'une belle nature et le contact de la vie naïve des chaumières. Eveillés au matin par une ballade que chante une laitière en trayant ses chèvres, ils iront s'égarer dans les forêts embaumées du parfum des pins et gravir les sommets verdoyans, sous la conduite d'un jeune montagnard qu'on n'oubliera pas de leur donner pour guide. Ce dernier les précède et s'arrête par intervalles pour leur montrer ses dents blanches au milieu d'un sourire; ses jambes nues affrontent sans crainte les cailloux du sentier et les branches de houx qu'il écarte et brise pour faciliter le passage ; s'il voit se ralentir la marche de ses hôtes, s'il aperçoit la sueur découler de leur front, il connaît l'endroit où les bruyères croissent plus touffues, près de la chute d'une cascade, et prie les voyageurs de s'y reposer pendant qu'il court lui-même jusqu'à la hutte du pâtre de la montagne, d'où bientôt il revient avec une jatte remplie d'un lait écumeux. Ne croyez pas que ces prévenances lui soient dictées par un calcul sordide, car si vous lui présentez une pièce de monnaie, vous verrez de grosses larmes rouler sous sa paupière. Au lieu d'une offre d'argent, qu'une parole bienveillante sorte de votre bouche, et sa figure candide s'épanouit, et ses yeux expriment la plus vive reconnaissance. Il restera des heures entières à vos côtés, jouissant de votre enthousiasme, lorsque, parvenus au sommet de la montagne et livrant avec délices vos cheveux à la brise, vous plongez le regard dans la vallée. Le silence de cet enfant semble vous dire :

« Bien loin d'ici, dans la plaine, vous n'avez rien qui ressemble au majestueux spectacle qui se déroule à vos yeux. Le ciel est moins pur, les fleurs sont moins brillantes ; vous n'avez point ces cascades qui chantent en courant sur les rochers et qui s'éparpillent en nappes d'azur dans nos prairies ; vos cabanes ne sont point comme les nôtres rapprochées du ciel et vous n'entendez point le concert des vents et des orages... Voyez cet océan de lumière et de verdure : tout cela est ma patrie ! Je suis le roi de la montagne ! elle me laisse franchir ses rocs et ses précipices ; elle n'a pour moi ni terreurs ni vertiges et ne m'égare jamais dans son tortueux labyrinthe. »

Puis l'enfant vous ramène, vers le soir, sous le toit de son père où vous attend un repas frugal... Et lorsque vous quittez nos montagnes pour vous acheminer vers le centre de la civilisation, vous regrettez plus d'une fois, artistes, ce beau pays dont votre album et votre cœur gardent le souvenir.

Continuez votre route et suivez un instant le cours de la Moselle que vous reconnaîtrez à ses eaux limpides et aux cailloux dorés de ses rives; gémissez, en passant, sur le sort de de l'antique manoir de Châtel qui baigne ses remparts dans les eaux du fleuve et que l'on a métamorphosé en séminaire; arrêtez-vous à trois lieues de là, sur le pont de Charmes, dont les trente arcades se mirent dans le cristal de la Moselle : vous découvrirez les riches vignobles de la Lorraine qui ne demandent qu'un canal pour faire goûter leurs vins aux gourmets de Paris; vous verrez de riants coteaux couronnés de forêts et d'innombrables îlots de verdure que les flots caressent avec amour, pendant que le martin-pêcheur étale ses ailes diaprées sur le bord de son nid construit dans les roseaux.

Marchez quelques heures encore, et vous entrerez dans la capitale de la Lorraine, Nancy, cet autre Versailles, comme lui grandiose et somptueux, comme lui désert et pleurant la mort d'un roi !

Déposez ici votre bâton d'artiste et montez sur la banquette d'une diligence, car le pays que vous allez parcourir n'exige plus un examen de détails : c'est la plaine avec sa fécondité, les bois sillonnés de chemins vicinaux, les arbres destinés au tranchant de la cognée du bûcheron et qui ne peuvent promettre l'ombre du lendemain aux rêveries du poète. Vous aurez peut-être un sentiment de compassion pour la vieille cathédrale de Toul dont on a brisé la couronne épiscopale, et qui vous apparaîtra dans le lointain comme une veuve éplorée. Mais vous oublierez bientôt la pitié devant les plaintes réitérées de votre estomac qui vous feront trouver le conducteur stupide, les postillons grossiers, la Meuse un ruisseau bourbeux, jusqu'à ce que l'énorme voiture retentisse sur le pavé de Bar, petite ville blanche et régulière où vous devez dîner, et qui se cachait à votre vue comme une cuisinière espiègle, se riant de l'impatience des convives et découvrant tout à coup un festin splendide sous un berceau de fleurs.

Buvez largement du vin de Bar, payez le café au conducteur pour qu'il vous laisse déguster les confitures, et remontez en diligence...

Mais alors enveloppez-vous la tête de votre manteau, comme César devant ses assassins; étendez-vous sur la paille de la bâche, attendu que vous allez traverser cette contrée stérile et maudite que le peuple, dont les expressions sont beaucoup moins poétiques qu'originales, a surnommée la *Champagne pouilleuse.*

Là, plus de coteaux ni de verdure... Partout une plaine aride et desséchée dont la terre est blanche comme la cendre des morts. Si vous avez le courage de lutter contre cet aspect de misère et d'affliction, vous verrez des hameaux déserts où se montrent à peine quelques figures hâves de paysans ; vous verrez dans la campagne une femme attelée à une charrue et joignant ses efforts à ceux d'un âne exténué de maigreur, pour labourer des champs qui laisseront périr le grain qu'on y sèmera ; vous verrez des enfans crétins, hideux sous leurs lambeaux, suivre la voiture en poussant des cris de détresse, et vous vous rejetterez en arrière avec dégoût après leur avoir donné l'aumône. Vous verrez... ou plutôt vous ne verrez rien, car si vous suivez mon conseil, vous ne passerez que de nuit dans cette région désolée.

Vous allez me demander, lecteurs, pourquoi je vous fais voyager ainsi, à quel propos cette digression, ces peintures de grand chemin ?

Hélas ! c'est que tous ces lieux, par où je vous ai fait passer, me rappellent des souvenirs ; c'est qu'il est bien permis à un pauvre auteur d'employer au moins quelques pages de son livre à revoir ses jeunes années, à pleurer un instant ses plaisirs perdus !

Je vous ai parlé des Vosges, de ma patrie, des lieux où vieillit ma mère, où mes enfans commencent leur vie..... Mes enfans ! et je suis loin d'eux, comprenez-vous, lecteurs ? loin d'eux, pour suivre une carrière ingrate, pour lutter, moi chétif, contre les pirates littéraires qui entravent la marche du talent, étouffent le génie; pour lutter contre les éditeurs qui spéculent sur les réputations usurpées de nos prétendus grands hommes, achètent au poids de l'or les rapsodies signées par eux et repoussent, fût-il un chef-d'œuvre, le manuscrit s'offrant avec un nom que les cabinets de lecture n'ont pas encore mis en étalage. Bien souvent j'ai parcouru cette route d'Allemagne avec la résolution de vivre obscur au fond de ma province, d'oublier mes ennuis près de la tombe de mon père, près du berceau de mes enfans... et toujours la fatale, l'irrésistible passion d'écrire m'a repoussé vers cette arène où le plus fort n'est pas vainqueur, mais le plus adroit; où, si vous succombez parce que franc et loyal vous attaquez en face, il faut courber la tête et mourir!

Mais que vous importent mes doléances? elles ne justifient pas ma digression et pourraient exciter en vous une pitié que je n'accepterais pas : ce sentiment est le dernier que je consente à inspirer... Je continue mon voyage.

Si vous dormez pendant que la diligence roule sourdement sur le sol argileux de la Champagne pouilleuse, vous rêvez, sans nul doute, de l'Arabie pétrée, des steppes de la Russie ou des plaines sablonneuses de l'Afrique, contrées fort peu favorisées du ciel, et qui, sauf les rayons d'un soleil plus ou moins brûlant, ont beaucoup d'analogie avec cette partie de la France.

Mais, en jetant à votre réveil un œil inquiet sur le pays qui vous environne, vous éprouvez la même sensation qui s'empare de l'ame du voyageur haletant sous les rafales embrasées du vent des déserts, lorsqu'il aperçoit une oasis embaumée qui lui rend l'espoir et la vie. Il semble que la baguette magique d'une fée ait produit le changement qui s'est opéré autour de vous. Vos regards embrassent un horizon de verdure ; une végétation vigoureuse vous envoie ses parfums et de nombreux villages se découpent en gracieuses silhouettes sur le clair-obscur des collines. Vous êtes dans la Brie, cette charmante province dont Boileau a maudit les vins, sans la féliciter de la poésie de son paysage, parce que Boileau, froid matérialiste, ne comprenait aucun des élans passionnés de l'ame, et qu'il sera toujours à mes yeux un sommelier parfait, un bon chef de cuisine, mais jamais un poète.

Je suspends ici mon voyage et mes descriptions vagabondes. Nous avons traversé Coulommiers et nous arrivons à Crécy, point de départ d'où je me suis lancé dans mes divagations. Ceux de mes lecteurs qui ne veulent pas descendre de voiture verront sur leur passage Lagny, assiégée jadis et prise par les Anglais, dont le général se vengea cruellement d'une raillerie en faisant violer par ses officiers toutes les dames de la ville réunies sous le prétexte d'un bal : de sorte qu'au bout de neuf mois, la majeure partie de la population naissante était anglaise ; Pomponne, ancien prieuré, où ils entendront un vieil aveugle chanter son éternel refrain :

Ah ! il t'en souviendra, la lira,
Du curé de Pomponne !

Enfin Nogent, et Vincennes au gigantesque donjon, d'où Paris tout entier se déroulera devant eux.

Quant à moi, qui ne voyage pas pour mes plaisirs, je suis obligé de m'arrêter à une maison de campagne située presque à la porte de Crécy, sur la pente légèrement inclinée d'une colline. C'est la demeure de l'évêque d'H***. On y entre par une grille au-dessus de laquelle sont sculptées les armes du prélat avec cette devise : Fortiter, Suaviter.

De la chambre du vieillard on découvre une prairie verdoyante parsemée de bouquets d'arbres qui en rompent l'uniformité et lui donnent l'apparence d'un vaste jardin anglais.

La Marne, cette rivière coquette qui se drape sous les ormes et les peupliers de ses rives comme une Parisienne sous les plis de son cachemire, coule lentement au milieu de la prairie, s'évanouissant parfois sous une voûte d'ombrages pour décrire un peu plus loin mille capricieux détours et disparaître enfin derrière le plateau où Lagny s'élève en amphithéâtre.

L'habitation de l'évêque était simple et modeste. Il n'employait pas ses revenus à décorer des appartemens somptueux : les pauvres du voisinage pouvaient attester l'emploi qu'il en faisait. Son intérieur se bornait à deux domestiques mâles et à une vieille servante qu'il avait retrouvée à son retour de l'exil et qui le soignait avec la persévérance et l'empressement traditionnels des gouvernantes des prêtres.

Rien n'égale l'attachement et la fidélité de ce genre de femmes qui, à force de s'être rendues nécessaires au logis, croient en avoir acquis la propriété et s'oublient jusqu'à dire, avec une assurance imperturbable, *notre* maison, *nos* poules, ou répondent aux fidèles ébahis : Nous ne disons point de messes pour quinze sous.

Il y avait à peine six mois que l'évêque habitait cette campagne, et déjà ses douces vertus lui avaient gagné tous les cœurs. Il n'y avait pas un seul paysan, si dépravé qu'il fût, si mortellement acharné contre les prêtres, qui ne se découvrît avec respect devant ce vieillard à cheveux blancs dont les paroles respiraient la bonté, dont le sourire allait au cœur. C'est que le pauvre n'avait jamais essuyé un refus à sa porte, et qu'il savait découvrir le refuge où se cachaient ces infortunés que la honte empêche de tendre la main devant une aumône, parce qu'ils préfèrent la mort à la mendicité qui ravale et flétrit. Plus d'une fois une famille désolée l'avait vu paraître au moment où elle n'attendait plus rien des hommes, et le bon évêque était, aux yeux de ces pauvres gens, l'ange envoyé du ciel qui venait leur rendre l'espérance et la vie.

A l'aspect d'un scandale, il ne s'enflammait pas de cette indignation menteuse qui appelle à son aide les foudres de l'anathème et toutes les terreurs de la foi. Comme le Christ, son divin modèle, il n'avait pour les coupables que des paroles de bienveillance et de pardon.

Il apprend un jour qu'un vieux prêtre assermenté va mourir, et que le clergé lui refuse, à cette heure suprême, le viatique à l'aide duquel le chrétien franchit sans crainte le seuil de l'Eternité. L'évêque ne balance pas à se rendre auprès du chevet du mourant :

— Mon frère, lui dit-il, autrefois j'ai quitté la France pour ne pas donner mon adhésion à la constitution civile du clergé. Vous n'avez pas cru devoir agir de même, et la voix de notre conscience nous a guidés tous deux dans des routes différentes... Croyez-vous encore aujourd'hui à la validité de votre serment ?

— J'y crois, répondit le moribond, bien que l'on m'ait fait un crime de ce que j'ai toujours regardé comme un acte de vertu : je me devais au troupeau qui serait resté sans pasteur.

— Assez, mon frère, dit l'évêque. Vous trouverez là haut l'indulgence qu'on vous refuse ici-bas... Mourez en paix !

Un soir que le digne prêtre regagnait sa demeure après avoir accompli quelques unes de ces œuvres de charité qui couronnaient si bien sa vertueuse carrière, il monta dans sa chambre et se laissa tomber sur un fauteuil en poussant une exclamation douloureuse. Il espérait trouver, en rentrant, une lettre datée des Vosges, et, depuis près d'un mois, son attente de chaque jour était trompée. Une larme coula lentement sur son bréviaire, car la pensée lui vint que ce silence était le présage d'un malheur. Il taxa d'égoïsme son amour pour la solitude, et se reprocha de n'avoir pas habité le château d'Arthenay, quand sa présence y était indispensable pour diriger dans une voie meilleure les affections égarées de son frère.

Il fut distrait de sa pénible rêverie par un bruit qui s'éleva sous sa fenêtre : c'était la voix aigre et bourrue de la gouvernante qui s'écriait :

— Je vous dis, monsieur, qu'il est impossible de parler à Monseigneur. Il vient d'arriver tout en nage et harassé de fatigue : c'est bien le moins du monde qu'on le laisse dîner en paix...

— Mais, répliquait vivement une voix de jeune homme, il s'agit d'une affaire de la plus haute importance : j'arrive de Paris à franc étrier... Il faut qu'il m'entende à l'heure même.

— Revenez demain, criait l'impitoyable gouvernante : ce soir, Monseigneur a besoin de repos... D'ailleurs, je vais servir le potage.

Elle allait fermer la porte au nez du visiteur, lorsque l'évêque parut à sa fenêtre et lui ordonna de laisser entrer le jeune homme.

Celui-ci fut en deux bonds dans la chambre du vieillard. Le désordre de son costume était effrayant. Ses longs cheveux noirs trempés de sueur se collaient à ses tempes; sa respiration haletante et ses vêtemens blanchis par la poussière de la route attestaient la rapidité de sa course, en même temps que son émotion profonde et les larmes qui roulaient sous ses paupières faisaient pressentir la gravité de la nouvelle qu'il apportait. Il ne proféra d'abord que des exclamations sans suite. Enfin, tirant un papier de sa poitrine, il le remit au vieillard.

— Lisez, lisez, monseigneur ! s'écria-t-il au milieu de ses sanglots.

L'évêque déploya le papier d'une main tremblante et lut cette lettre qui portait le timbre de Saint-D**.

« Mon cher Arthur,

» Un accident aussi terrible qu'inattendu
» vient de jeter le deuil et la consternation
» dans notre pays. Le marquis d'Arthenay a
» été assassiné au milieu de la fête annuelle
» qu'il donne à nos montagnards. Les soup-

» çons tombent sur une personne que je ne
» puis croire coupable. On accuse Léon, ton
» plus cher ami, d'avoir versé le sang de son
» père. Je regarde ce jeune homme comme la
» victime d'une erreur judiciaire, malgré les
» preuves apparentes qui le condamnent et la
» voix publique qui s'élève contre lui. Espé-
» rons que les débats feront éclater son inno-
» cence et que le véritable meurtrier sera dé-
» couvert... Adieu, mon fils, si tu n'étais pas
» à la veille d'un examen, je t'engagerais à
» venir consoler ce pauvre Léon. »

Pâle et les lèvres agitées par un tremblement convulsif, l'évêque serra silencieusement la main d'Arthur, leva les yeux au ciel et s'agenouilla pour prier.

Une demi-heure après il montait en voiture, malgré les lamentations de la gouvernante qui frémissait de le voir partir sans dîner... Il volait au secours de Léon.

L'étudiant voulut l'accompagner jusqu'à Meaux, où il lui fit ses adieux, en le priant d'annoncer au malheureux prisonnier qu'il allait s'occuper de lui trouver un habile défenseur.

— Dites-lui de m'attendre, ajouta-t-il : je lui conduirai bientôt moi-même l'avocat qui doit le sauver.

Arthur se fit ensuite donner une chambre dans un hôtel de Meaux, pour attendre la diligence qui ne devait passer qu'à une heure avancée de la nuit.

FIN DE LA SECONDE PARTIE.

TROISIÈME PARTIE.

PUNITION.

XXI.

L'HOTEL.

— Monsieur, dit à l'étudiant le domestique qui lui ouvrait une chambre, veuillez faire le moins de bruit possible, car à côté de vous est une jeune dame qui peut-être ne passera pas la nuit... Voilà six jours qu'elle est à l'article de la mort... Tenez, l'entendez-vous ? son délire est effrayant.

— Grand Dieu ! dit Arthur qui venait de prêter l'oreille aux discours entrecoupés de la malade, ne parle-t-elle pas du château d'Arthenay ?

— Oui, monsieur ; continuellement elle a ce nom dans la bouche. Elle parle aussi d'un meurtre, d'un marquis assassiné, d'un enfant, que sais-je ? La pauvre jeune femme n'a plus sa tête, et son **mari**, je vous jure, est bien à plaindre, car il veut la soigner seul et depuis six jours il n'a pas fermé les yeux.

Arthur s'empressa de congédier le domestique. Un invincible pressentiment lui disait qu'il allait découvrir un mystère odieux dont le voile une fois déchiré prouverait clairement l'innocence de son ami.

La chambre qu'il habitait n'était séparée de l'appartement voisin que par une cloison très mince et une porte condamnée. Le jeune homme, appliquant son œil au trou de la serrure, vit une femme échevelée qu'un homme dont il ne pouvait apercevoir les traits essayait de calmer. Les mouvemens de cet homme, dans les efforts qu'il faisait pour retenir la malade sur sa couche de douleur, avaient quelque chose de brutal et de féroce qui fit frémir Arthur...

L'étudiant écouta les cris d'angoisse et les révélations que le délire suggérait à la jeune femme.

— Mon enfant! s'écriait-elle, où est mon enfant?... Tuez-moi donc aussi, puisque vous ne voulez pas me le rendre! Vous avez bien tué M. d'Arthenay, vous avez bien tué madame de Verneuil, pourquoi ne pas me tuer à mon tour?... Ah! laissez-moi, je vous hais! Si jamais je me suis décidée à vous suivre, c'était à cause de mon enfant : je n'espérais qu'en lui, je ne vivais que pour lui... Maintenant qu'il est mort, maintenant que vous l'avez tué....

La malheureuse n'acheva pas. Arthur vit l'homme qui la soignait lui fermer la bouche d'une main, pendant qu'il employait l'autre à l'empêcher de sortir du lit. Il le vit ensuite prendre une fiole placée sur une table et l'insinuer de force entre les lèvres serrées de la jeune femme. Les mains crispées aux rideaux du lit, il la regarda quelque temps, comme si le repos subit de la malade, assoupie par un violent narcotique, ne le rassurait pas encore. Puis il se dirigea vers la porte qu'il entr'ouvrit avec précaution. Il la referma de même, après avoir écouté si rien ne troublait le silence des ténèbres, et revint s'asseoir au pied du lit, en poussant le soupir de satisfaction d'un homme délivré d'un péril imminent.

Arthur fut sur le point de jeter un cri d'horreur... Il venait de reconnaître l'abbé Duval.

Le jeune étudiant se crut le jouet d'un rêve affreux. Ce qu'il venait de voir et d'entendre était empreint d'un tel cachet de monstruosité qu'il osait à peine s'en rapporter au témoignage de ses yeux et de ses oreilles. Devait-il ajouter foi aux révélations de cette femme qui lui était inconnue et qu'un délire menteur agitait peut-être? D'un autre côté, les antécédens de l'ex-supérieur étaient-ils de nature à détruire ses soupçons? Pouvait-il croire son ami coupable et l'abbé Duval innocent ?.... N'était-ce pas plutôt la Providence qui venait de le mettre sur les traces du véritable meurtrier, pour sauver Léon d'une peine infamante?

Malgré le trouble qui l'agitait encore, Arthur comprit qu'il ne pouvait déployer trop d'activité dans les mesures que la circonstance lui dictait.

Le ciel, vengeur du crime et soutien de l'innocence, s'apprêtait à lui fournir de nouvelles preuves pour dessiller les yeux de la justice et la convaincre de son erreur... Un bruit de voiture retentit dans la cour de l'hôtel.

Mais il faut que nous retournions à la ferme, pour rendre compte des événemens qui se sont passés depuis la fuite de Georgette avec son séducteur.

A leur retour de l'auberge du Gros-Caillou, l'enfant de Paris et le fermier trouvèrent Marianne au désespoir. Les dogues poussaient des hurlemens plaintifs, car la pauvre mère avait parcouru la montagne et les forêts voisines avec ces deux fidèles animaux qui semblaient partager sa peine. Ils n'avaient pu l'aider à retrouver la fugitive; cependant l'instinct leur avait fait prendre tous les sentiers que Georgette avait suivis avec l'abbé

Duval ; ils avaient conduit la fermière jusqu'au château d'Arthenay... Mais il y avait là trop de douleur pour qu'on pût s'occuper de la sienne. Elle revint à la ferme dans un état voisin de la folie... Un simple coup-d'œil jeté sur elle suffit aux deux paysans pour les convaincre que leur infortune n'était que trop véritable.

— Ma fille ! s'écria-t-elle en se précipitant à leur rencontre, qu'est devenue ma fille ?... N'avez-vous pas honte de me laisser ainsi seule et sans défense, pendant qu'on vient me ravir ce que j'ai de plus cher au monde ?.... Georgette !... Bonté divine, où peut-elle être?

La consternation des deux hommes était pénible à voir. Marianne, ne s'expliquant l'état dans lequel elle les voyait que par l'indifférence ou le stupide abrutissement de l'ivresse, les accablait de reproches et s'arrachait les cheveux, sans obtenir une seule réponse du fermier ni de Thomas.

— Les brutes, disait-elle, ils sont ivres comme des pourceaux!... Mais ne m'avez-vous donc pas entendue? Faut-il te répéter, à toi Pierre, que ta fille est partie, à toi Thomas, que ta fiancée n'est plus à la ferme, que je l'ai cherchée vainement dans les bois et sur la montagne, qu'elle n'est pas non plus au château?... Juste ciel, que de malheurs à la fois! Le marquis assassiné, madame de Verneuil morte... et ma fille, ma fille!...

— Plût à Dieu qu'elle fût morte aussi! murmura Thomas Gigoux d'une voix sépulcrale.

— Que veux-tu dire? s'écria Marianne... Mais parle donc enfin!

— Ce que je veux dire? continua l'enfant de Paris qui s'approcha de la fermière avec un transport furieux... je veux dire que Georgette aura le sort d'Adèle !... Votre fille a rejeté mon amour, pour suivre un lâche suborneur : elle aussi mourra dans un grenier, sur la paille, abandonnée par le monstre qui l'aura flétrie !... Ah ! ah ! voyez donc cette excellente mère qui pleure sa fille, quand elle a fermé les yeux sur son déshonneur !... Ah ! les bons parens, qui donnent asile à un infâme, qui le reçoivent à bras ouverts, et qui s'étonnent ensuite que l'on paie leurs bienfaits par l'ingratitude, leur hospitalité par la honte !

— Thomas, s'écria Gros-Pierre d'une voix suppliante, je t'en conjure, ne nous dis pas de pareilles choses.

— Oh ! dit l'enfant de Paris qui comprimait de ses deux mains les palpitations violentes de sa poitrine, je souffre !... Mon Dieu, comme je souffre !

— Thomas, dit la fermière, en tombant à

ses genoux, par pitié, dis-moi ce que Georgette est devenue... Elle s'en est allée avec ce maudit cousin, n'est-ce pas? Je t'ai bien compris!

Ses yeux s'attachaient avec angoisse sur la figure bouleversée de son interlocuteur, comme si elle eût attendu son arrêt de mort.

— Oui, reprit Thomas accablé. Mais cet homme n'est pas votre parent, Marianne... C'est un prêtre, un prêtre impudique et parjure à ses vœux! Ah! malédiction! dire que je ne l'ai pas reconnu d'abord à la haine qu'il m'inspirait! dire que je ne l'ai pas tué hier!

— Un prêtre! s'écria Marianne, à qui la stupeur ne permit pas d'abord de proférer une parole... Un prêtre!... Mais il est impossible qu'une femme aime un prêtre! Je te dis, moi, qu'elle n'a pas suivi cet homme de son plein gré, qu'il faut se mettre à leur poursuite et les rejoindre !... M'entends-tu, Thomas, m'entends-tu ?

— En tous cas, dit l'enfant de Paris, comme se parlant à lui-même, si je ne la retrouve pas digne de moi, je pourrai du moins la venger... Au revoir, mes amis ! Pardonnez-moi ce que j'ai pu vous dire dans l'égarement de la douleur, et prenez patience jusqu'à mon retour.

Il serra vivement dans ses mains les mains réunies de Pierre et de Marianne, et sortit de la ferme en leur criant :

— Au revoir... à bientôt !

Thomas Gigoux se dirigea vers sa modeste demeure, prit le peu d'argent qui se trouvait en sa possession et s'arma des deux pistolets que lui avait laissés l'abbé Duval. Il les fixa sous sa blouse de coutil à une ceinture de cuir ; puis, laissant son toit de chaume à la garde de la Providence, il se dirigea vers la route qu'avait prise, peu d'heures auparavant, son ennemi mortel.

Marchant à grandes journées ; certain, d'après les renseignemens des maîtres de poste, qu'il n'avait pas perdu les traces du ravisseur, il entra dans Châlons, au moment où l'abbé Duval en sortait par une porte opposée. Celui-ci s'était vu contraint de rester cinq jours dans cette ville, et Thomas apprit avec un horrible désespoir que sa fiancée, celle qu'il aimait à se figurer vertueuse encore, passait pour la femme du prêtre, et qu'un accouchement avant terme avait seul retardé le voyage des prétendus époux.

— Oh ! les infâmes ! se dit Thomas en faisant jouer la batterie de ses pistolets ; mille morts ne suffiraient pas à ma vengeance !

Le malheureux avait trop présumé de ses forces, en entreprenant ce long voyage avec une amie abattue par des souvenirs déchirans et toute la rage de la jalousie dans le cœur. Il lui arrivait parfois de tomber épuisé sur le bord de la route et de se demander s'il ne ferait pas mieux d'en finir avec la vie plutôt que de lutter contre un homme qui avait causé toutes ses infortunes, et qui, protégé par un génie malfaisant, trouvait toujours le moyen d'échapper à sa juste colère. Mais, ranimé soudain par la fièvre de la vengeance, il reprenait son bâton de voyageur et marchait de nouveau, jusqu'à ce que le découragement vînt l'abattre encore.

Le conducteur d'une diligence l'ayant aperçu, dans un fossé, presque évanoui, le corps brisé par la fatigue, arrêta sa voiture pour lui demander s'il voulait être conduit jusqu'à Meaux dont on n'était plus qu'à deux lieues.

— J'aime autant mourir ici, répondit Thomas.

— Diable! interrompit le conducteur, qui

se trouvait être un brave homme, plus compatissant pour les piétons que beaucoup de ses collègues, il ne faut pas mourir, tant qu'il y a moyen de fumer une pipe et de boire un petit verre... J'ai, là-haut, du tabac de Belgique et du Cognac soigné : montez, l'ami, ça ne vous coûtera rien !

Au bruit que fit la diligence en entrant dans la cour de l'hôtel, Arthur s'empressa de quitter sa chambre pour donner contre-ordre au bureau, car on peut croire qu'il n'était plus décidé à partir. Il se heurta contre Thomas Gigoux que le conducteur venait d'aider à mettre pied à terre.

Le jeune étudiant et l'enfant de Paris se regardèrent avec surprise, cherchant à deviner dans quels lieux ils s'étaient déjà rencontrés.

— Si je ne me trompe, mon brave, dit Arthur en frappant sur l'épaule de Thomas, nous ne sommes pas étrangers l'un à l'autre... Aidez-moi donc à rassembler mes souvenirs.

— Vous m'avez vu plus d'une fois à Saint-D**, chez votre père, monsieur Arthur.

— Parbleu, j'y suis ! s'écria l'étudiant : c'est vous que nos montagnards appellent le Parisien ! Vous arrivez à propos pour me donner des nouvelles du pays et pour m'aider dans la tâche que je vais entreprendre... Mais vous paraissez souffrant : venez chez moi, vous dormirez jusqu'au jour et nous causerons à votre réveil.

— Impossible, monsieur Arthur, répondit Thomas. J'ai aussi une tâche à remplir, moi !

En même temps, il prit à l'écart le postillon qui venait d'atteler les chevaux et lui demanda s'il n'avait pas conduit, quelques jours auparavant, une berline contenant deux voyageurs. Arthur tressaillit en entendant Thomas donner le signalement exact de l'abbé Duval et celui de sa compagne de voyage.

— La jeune dame dont vous parlez, n'était-elle pas malade? dit le postillon.

— Oui, répondit Thomas avec un sourire amer, malade d'une fausse couche qu'elle a faite à Châlons...

Arthur ne lui laissa pas le temps d'adresser au postillon de nouvelles demandes.

— Suivez-moi! s'écria-t-il, ceux que vous cherchez sont ici.

XXII.

LE PRISONNIER.

Le ciel est bleu, les chaudes brises de juillet répandent avec profusion dans la vallée les parfums qu'elles ont ravis aux branches odoriférantes des pins ou sur la tige fleurie des bruyères de la montagne. Filles du printemps, de longues demoiselles à la robe émaillée de toutes les couleurs du prisme se balancent mollement sur les touffes de joncs, au bord des ruisseaux, et, déployant ensuite leurs ailes de gaze, se jouent dans des flots de soleil. La clématite grimpe au tronc des arbres et dessine sur les murs des chaumières de gracieuses arabesques de verdure. Parfois un souffle léger détache des buissons la fleur blanche de l'aubépine et les pétales jaunes des bruyères, puis les chasse en gracieux tourbillons au dessus de la nappe tranquille d'un étang. On dirait un nuage blanc et or qui se mire un instant dans les eaux pour se confondre ensuite avec elles et couvrir leur surface d'une infinité de petites conques marines courant d'une rive à l'autre avec la légèreté des zéphirs. L'oreille est frappée de ces mille bruits harmonieux, concert éternel de la nature qui s'exécute avec un ensemble immuable, partition brillante écrite par Dieu lui-même sur tous les points du globe, sur le front des nuages, sur la cime des forêts, dans la corolle des fleurs, et que tous les êtres chantent à la louange de celui qui les a créés.

Hélas ! pour le pauvre captif qui n'a pas d'autre horizon que les murs noircis d'un cachot, qui n'entend d'autre bruit que le grincement des verroux, comme il est consolant ce rayon de soleil qui passe au travers de l'étroite lucarne de sa prison pour le visiter dans sa souffrance ! Comme il lui rappelle ces heures de délicieuse rêverie dans les bois et sur les monts, ces promenades solitaires dans des sentiers inconnus, alors que les plantes herbacées et les branches de houx s'écartaient plaintives pour lui livrer passage ! Ce rayon de soleil apporte avec lui tous les souvenirs de liberté qui commençaient à s'éteindre dans le cœur du captif et lui rend, avec le secours de l'imagination, tous les biens dont il est privé. Il entend le grillon glapir sous la mousse ; les chants du rossignol lui descendent de la montagne comme une cascade mélodieuse, et son ame, prenant son vol sur les blancs nuages du ciel, les suit dans leurs capricieux détours et se baigne avec délices dans les vagues ondoyantes d'un air pur...

Et puis, hélas ! le rayon consolateur s'évanouit comme un rêve et ne laisse plus au prisonnier que le regret d'une illusion perdue.

O vous qui frappez en aveugles avec le glaive de la loi, vous qui disposez de la liberté de vos frères, ne savez-vous donc pas de quel poids sont les chaînes sur les mains de l'innocence ? N'est-il rien dans les traits de l'honnête homme qui puisse le faire distinguer du coupable ? Croyez-vous, par vos regrets tardifs et vos éloges dérisoires, compenser les tortures que vous aurez fait subir à la victime de votre condamnable erreur ? Lui rendrez-vous à ce pauvre prisonnier tout le sang de son ame qu'il a pleuré goutte à goutte, toutes ses illusions, tous ses rêves de jeunesse dissipés par le froid réveil des cachots? Comment lui paierez-vous jamais ses beaux jours perdus, ses joies brisées, ses espérances flétries?

Honte sur vous, ignobles commentateurs du Code, chirurgiens stupides qui, à force d'avoir porté le scalpel sur les membres gangrenés du corps social, tranchez impitoyablement dans les parties saines! Honte sur vous, qui faites un métier d'une charge toute de conscience et qui dormez tranquillement au bruit des malédictions! Continuez vos monstrueux réquisitoires, forgez des fers, aiguisez la hache des bourreaux! Un jour viendra, jour de véritable justice, où la société tout entière élèvera la voix pour condamner au pilori le juge imbécile qui n'aura pas su lire sur le front d'un innocent!

Léon d'Arthenay, traité comme le plus vil des criminels, gémissait depuis un mois dans une prison froide et malsaine. Aucune voix amie ne lui avait apporté ces douces consolations sans lesquelles l'homme succombe en face de l'infortune. Accroupi dans les ténèbres, les yeux brûlés par les larmes, le jeune homme avait eu le temps d'envisager toute l'horreur de sa situation.

Pendant les premiers jours de cette affreuse captivité, l'espoir soutenait son courage ; il lui semblait impossible qu'on l'accusât longtemps d'un pareil crime, et chaque fois que les portes de chêne de son cachot criaient sur leurs gonds, il tressaillait dans l'attente d'un libérateur.

Mais enfin ne voyant jamais paraître que l'impassible figure du geôlier, ce diminutif du bourreau, qui n'a pas dans l'ame une seule fibre qui s'émeuve à la vue des pleurs, se croyant abandonné de Dieu et des hommes, l'infortuné se replia sur son propre désespoir et toutes les forces morales qu'il puisait dans sa vertu l'abandonnèrent une à une ; ses larmes se tarirent ; il passait des journées entières dans un état effrayant d'immobilité, les membres raides et transis de froid, ne poussant pas une plainte, pas un soupir.

En renouvelant un matin les provisions de la veille, le geôlier s'aperçut que le jeune homme n'y avait pas touché. Son devoir était d'avertir le magistrat : celui-ci dépêcha deux gendarmes pour lui amener Léon.

— Prétendez-vous échapper à la rigueur des lois en vous laissant mourir de faim, monsieur ? s'écria-t-il après que les agens de la force publique eurent déposé le prévenu sur un siége, car il était impossible qu'il se tînt debout : je dois vous avertir qu'il est dans l'intérêt de la justice de combattre cette résolution... Les criminels seraient trop heureux de pouvoir se soustraire de la sorte au châtiment qu'ils ont mérité.

Léon ne répliqua rien à cet invincible argument en faveur des droits du bourreau.

— L'instruction marche rapidement, poursuivit le magistrat. Les preuves s'accumulent et vous êtes convaincu de parricide : vous serez jugé à Epinal aux prochaines assises. Jeune homme, rappelez-vous le conseil que je vous ai donné lors de votre premier interrogatoire... Un aveu sincère intéressera peut-être les jurés en votre faveur ; ils pourront demander une commutation de peine... Vous ne répondez pas? vous persistez sans doute à nier votre crime? Jeune insensé ! croyez-vous donc par vos dénégations en imposer à la justice? Convaincrez-vous de votre innocence une population tout entière qui se trouvait sur le lieu du crime et qui se lèvera pour vous accuser ?... Ceux-là même que des affections de famille devaient engager à vous croire innocent ont succombé devant le chagrin de vous voir coupable... Madame de Verneuil est morte, jeune homme ! Mettez la main sur votre conscience et dites-moi si d'autres que vous l'ont fait mourir !

Léon leva lentement les yeux sur le magistrat. Une larme, une seule larme roula sous sa paupière, puis il baissa les yeux et reprit son immobilité.

— Voilà comme il accueille cette déplorable nouvelle, se dit à lui-même le juge d'instruction. Si jeune encore et pourtant insensible aux malheurs qu'il a causés ! Faut-il que la nature humaine produise de pareils monstres ?... Écoutez-les donc ces philanthropes de nos jours qui veulent briser l'échafaud ! Lâchez au milieu de la société ces tigres altérés de sang et vous verrez le monde n'offrir bientôt plus qu'une effroyable scène de carnage... Le meurtre et le désordre seront les rois de l'univers et se montreront aux yeux des peuples, échevelés et sanglans, sur les débris des lois !

Le magistrat allait sans doute continuer, pour sa propre satisfaction, ce chef-d'œuvre d'éloquence à l'usage des amateurs de procès criminels, lorsqu'un huissier pénétra dans son cabinet et l'avertit qu'un vieillard accompagné d'une jeune fille demandait à être introduit en sa présence. Il fit signe aux gendarmes de reconduire le prévenu dans son cachot.

Mais la jeune fille avait aperçu le pauvre prisonnier et prompte comme l'éclair elle s'était élancée vers lui. Au même instant entrait l'évêque d'H***.

Le juge, qui avait reconnu le digne prélat, se confondait en excuses, honteux, disait-il, de recevoir Sa Grandeur dans un pareil lieu.

Mais, avant de répondre aux salutations empressées de l'homme de justice, l'évêque s'approcha de son neveu, qui, rendu à lui-même par la présence de ceux dont il se croyait délaissé, baignait de ses pleurs les mains de Marie. La vue de la jeune fille avait en quelque sorte opéré un miracle sur son amant. Cette ame anéantie par la souffrance venait de se réveiller de son engourdissement pour renaître à la douleur et pleurer avec ceux qui pouvaient la comprendre.... État mille fois préférable à cette morne apathie du désespoir qui tue les facultés, entoure le cœur d'une triple couche de glace et fait d'un homme une espèce de cadavre vivant.

L'évêque mêla ses sanglots à ceux de Marie et du prisonnier. Tous trois pleurèrent longtemps enlacés dans les bras l'un de l'autre et ne proférant pas une seule parole.

— Je suis enchanté, monseigneur, de l'effet

que votre arrivée a produit sur ce jeune homme, dit le juge d'instruction d'une voix presque émue. Le remords vient enfin de toucher son cœur, et j'espère que vous l'engagerez, pour lui-même, à ne plus nier un fait, hélas! trop évident.

— Monsieur, s'écria Léon, qui se dégagea soudain des bras de son oncle et se leva, malgré les efforts de Marie pour l'en empêcher, je vous défends de tenir un pareil langage et de chercher à communiquer votre erreur à ceux qui m'aiment encore!... Je vous jure de nouveau devant Dieu, devant son ministre qui m'écoute, devant cet ange qui a prié pour moi, que je suis innocent du meurtre de mon père! Les traitemens barbares que vous m'avez fait subir et votre persistance aveugle à me croire coupable ont pu m'ôter un instant mon énergie... mais je saurai relever mon front courbé par l'injustice et vous accuser à votre tour!

— Jeune homme, dit le magistrat, vous oubliez, en ma personne, le respect que vous devez à la justice.

— Je n'oublierai jamais, répliqua Léon, qu'il est des hommes dont l'ame n'a point d'écho pour distinguer le cri d'horreur que jette l'innocence, des impudentes dénégations du crime... Vous êtes du nombre de ces hommes, monsieur ! Je n'oublierai jamais que vos satellites m'ont séparé du corps sanglant de mon père, pour me plonger dans un cachot, et qu'ils ne m'ont pas permis de l'embrasser une dernière fois avant que la tombe se refermât sur lui !

— Léon ! s'écria Marie, toute tremblante à l'aspect de la colère qu'elle lisait dans les yeux du magistrat, tais-toi, mon ami, je t'en conjure !

— Pardonnez-lui, dit l'évêque au juge d'instruction : le chagrin qu'il éprouve en se voyant accusé d'un parricide doit être à vos yeux une excuse suffisante. Veuillez me faire connaître, ajouta-t-il avec émotion, les preuves qui établissent en apparence la culpabilité de mon neveu.

Le juge présenta un siége à l'évêque et le fit asseoir près de son bureau, pendant que Léon s'entretenait douloureusement avec Marie à l'autre extrémité de la pièce.

— Je suis désolé, monseigneur, de dissiper une illusion qui doit vous être bien chère : malheureusement il m'est impossible de mettre en doute cette culpabilité. Voici toutes les pièces relatives au procès... Plus de cent témoins ont déposé de la même manière et tous ont chargé votre neveu. Le marquis a été entraîné par son fils dans un lieu désert du parc. Venant rejoindre seul les paysans qui assistaient au banquet annuel, Léon d'Arthenay cacha son trouble sous une apparence de gaîté. La vue de son père mourant ne lui a pas arraché une larme; mais il s'est évanoui quand les témoins ont manifesté hautement leurs soupçons... Or cet évanouissement ne pouvait être que le résultat d'un remords subit : moi-même j'ai vu du sang après les mains du meurtrier. Maintenant, si je passe aux preuves morales, j'ai acquis la conviction qu'il existait une sourde inimitié entre le père et le fils... M. d'Arthenay voulait déshériter cet enfant dont il avait sans doute à se plaindre.

— Il l'a déshérité en effet, interrompit le prélat. Des manœuvres frauduleuses ont enlevé à Léon l'héritage paternel. A mon arrivée, j'ai vu d'avides spoliateurs s'apprêter à chasser cette pauvre orpheline, ajouta-t-il en désignant Marie... Veuillez m'écouter sans préventions, monsieur. Je n'accuse personne... mais celui qui se trouve actuellement possesseur du château d'Arthenay et de ses dépendances...

— Je sais de qui vous voulez parler, monseigneur ; mais l'abbé Duval est un homme dont la réputation s'est trouvée jusqu'alors trop intacte pour qu'on puisse l'accuser d'un crime... D'ailleurs il n'était pas à la fête. Le premier soin d'un meurtrier n'est-il pas de se dérober aux poursuites de la justice ? Or celui dont vous parlez a rendu lui-même les derniers devoirs à M. d'Arthenay... J'ai su qu'il avait confessé madame de Verneuil à son lit de mort...

— Horreur ! s'écria l'évêque : c'est qu'il avait intérêt à ce qu'un autre n'entendît pas les révélations de la mourante ! Je connais aujourd'hui d'affreux détails sur la vie de cet homme ; mais j'ignorais cette dernière circonstance... l'abbé Duval est l'assassin de M. d'Arthenay !

—Prenez garde, monseigneur ! La justice n'accueillerait pas sans preuves une pareille inculpation... Je crains que le désir de sauver votre neveu...

— Je le sauverai, monsieur ! En même temps je ferai connaître l'infâme qui a plongé ma famille dans un abîme de malheurs... Veuillez, en attendant, me permettre de conférer avec mon neveu toutes les fois que je le jugerai convenable. Il est aussi de votre devoir de faire donner à ce pauvre enfant un logement plus sain qu'un cachot : vous voyez combien sa santé a déjà souffert de l'insalubrité des prisons.

— Dans quelques jours aura lieu l'ouverture de la cour d'assises, monseigneur. Demain l'accusé doit partir pour Epinal : je ne doute pas que votre influence n'obtienne ce qu'il me serait impossible de vous accorder.

— Du moins me permettrez-vous de conduire Léon dans mon équipage jusqu'au chef-lieu de préfecture ?

— Y songez-vous, monseigneur ? faire escorter par les gendarmes la voiture d'un prélat respectable...

— Qu'importe, monsieur ? répondit l'évêque. Je vous jure à mon tour sur mes cheveux blancs que Léon d'Arthenay n'a pas tué son père !

Le lendemain, la calèche du prélat, entourée d'une escorte formidable, suivait la route d'Epinal. Le cœur du vieil évêque était oppressé, car ceux auxquels il avait voulu faire partager son opinion, se retranchant derrière le défaut de preuves, lui avaient positivement refusé de mettre l'abbé Duval en cause. Il jetait un regard douloureux sur les deux orphelins qui semblaient oublier leurs peines. Léon tenait dans ses mains les mains de Marie, et tous deux avaient retrouvé la force de sourire. L'aspect de la nature donnait tant de bonheur au prisonnier ! Le soleil était si beau quand ses filets d'or perçaient le sombre feuillage des bois ! La voiture roulait si doucement sur le sable fin des montagnes !

Comment Léon n'aurait-il pas oublié des infortunes plus terribles encore ? les yeux bleus de son amante s'arrêtaient sur les siens avec tant d'amour !

— Mes enfans, dit l'évêque d'un ton pénétré, ne perdons pas de vue les dangers qui nous menacent... prions ceux des nôtres qui sont au ciel de veiller sur nous !

— O ma mère ! s'écria Marie, rappelée par ces paroles à la perte déchirante qu'elle avait faite.

— Mon père est aussi là haut, dit le jeune homme, en se découvrant avec tristesse. Je crois le voir aux pieds de l'Eternel : il le conjure de déchirer le voile qui dérobe au châtiment des lois son véritable assassin.

— Pauvres enfans, reprit l'évêque, j'ai dû vous rendre à ces tristes pensées ! La justice aveugle persiste à te croire coupable, Léon. Des nombreuses démarches que j'ai faites, je n'ai pas obtenu le moindre résultat en ta faveur.

— Nous ne devons rien attendre que de la Providence, répondit le jeune homme avec calme.

— Dieu puissant, dit le vieillard en levant au ciel ses yeux remplis de larmes, c'est donc entre vos mains seules que je dois remettre le sort de l'innocence... sauvez Léon ! sauvez-nous !

Les gendarmes qui suivaient la voiture donnèrent subitement au cocher de l'évêque l'ordre de s'arrêter et parurent se consulter avec inquiétude.

Marie, se penchant à la portière, aperçut à quelque distance un homme à cheval courant à bride abattue et faisant de nouveaux signes aux gendarmes pour les prier de l'attendre. En quelques secondes il atteignit la calèche et jeta sur les genoux de Léon une lettre au timbre de Meaux.

Le jeune homme reconnut M. Daucourt, le père de son ancien compagnon d'études, de son plus sincère ami.

XXIII.

ARTHUR DAUCOURT A LÉON D'ARTHENAY.

« Reprends courage : à cent lieues de ta prison, l'amitié veille sur toi.

» Tu as dû serrer dans tes bras ton excellent oncle qui s'est empressé de voler à ton secours. Peu s'en est fallu que je le suivisse ;

mais je rends grace au ciel qui m'a fait rester ici pour y découvrir l'assassin de ton père... Oh! cet homme seul pouvait commettre un tel forfait !

» Laisse entamer les débats, laisse-toi condamner, morbleu! oui, laisse-toi condamner : la réhabilitation n'en sera que plus éclatante. Ne réponds aux phrases ampoulées du ministère public, aux assertions menteuses des témoins, à tout cet amphigouri stupide des tribunaux, que par d'énergiques protestations de ton innocence. Quand le jury trompé te déclarera criminel, je n'aurai qu'un mot à dire, qu'un homme à pousser sur l'odieuse sellette où ils t'auront fait asseoir, pour détruire tout cet échafaudage de mensonges.

» Adieu. Tu verras que l'honneur de mon ami m'est aussi sacré que le mien; tu verras comme je saurai te disculper aux yeux de tous, et surtout te venger de la scélératesse de celui... je ne veux pas te le nommer : tu seras libre de le couvrir de ton mépris et de lui cracher à la face, quand je l'aurai forcé de s'agenouiller devant toi.

» Arthur.

» P. S. Comme on décachète les lettres à l'adresse d'un captif, mon père trouvera moyen de te remettre la mienne, sans qu'elle soit souillée par les regards de tes geôliers. »

XXIV.

LA COUR D'ASSISES.

Les abords du Palais-de-Justice étaient encombrés par la foule oisive, qu'un besoin de sensations galvaniques porte en masse à ces drames de sang qui se jouent sous les voûtes judiciaires. Tout ce peuple attendait depuis le point du jour que les portes s'ouvrissent et qu'on lui permît enfin de savourer les angoisses qu'un homme allait éprouver en se débattant sous les serres de la loi.

Comme il se promet, ce bon peuple, d'examiner le visage du coupable, de lire son crime dans la pâleur de ses traits, dans les mouvemens convulsifs de ses membres ! Comme il sortira bien plus vertueux de ce lieu funèbre où des juges vont décider qu'un de leurs semblables n'a plus que tant d'heures à vivre !

Un cri joyeux s'éleva du milieu de cette multitude, lorsque les huissiers eurent ouvert la porte à deux battans de la salle d'audience. En un instant, l'enceinte réservée au public fut envahie. Quelques gradins seulement restaient vides ; mais bientôt l'aristocratie du chef-lieu prit place sur ces banquettes privilégiées... De jeunes femmes couvertes de brillantes parures voulaient avoir aussi leur part de ces émotions palpitantes : déjà peut-être avaient-elles loué leurs places sur la Grève, pour assister au dénouement de la sanglante tragédie dont le premier acte allait se passer sous leurs yeux.

Il est trop vrai que le sexe le plus faible, celui dont le caractère, sensible en apparence, devrait répugner à tout ce qui blesse la sainte délicatesse de l'ame, est plus porté que le nôtre à s'enivrer de ces atroces jouissances qui naissent à la vue des tortures du supplice, à l'aspect du sang qui ruisselle sur l'échafaud. L'écrivain ne peut assez flétrir une législation qui s'obstine à tuer en place publique, quand la foule ne recueille aucun fruit de cette leçon de morale donnée par la guillotine et n'assiste aux exécutions que poussée par cet instinct féroce qui conduisait autrefois les maîtres du monde dans le cirque où les lions de Numidie dévoraient des victimes humaines.

— C'est votre mari qui soutiendra l'accusation, n'est-ce pas, ma chère? disait à sa voisine l'une des dames assises sur les gradins. Voilà une belle occasion pour déployer ses talens!

— Aussi compte-t-il être bientôt procureur-général, répondit celle à qui s'adressait cette question.

Un jeune homme se pencha vers la première interlocutrice et lui dit à l'oreille, mais toutefois assez haut pour être entendu des autres personnes:

— Demandez-lui combien il faut que son mari fasse de réquisitoires, ou plutôt combien il doit mettre de têtes dans l'un des plateaux de la balance, pour que ce poids égalise celui des appointemens de procureur-général?

— Prenez-vous mon mari pour un buveur de sang? s'écria d'une voix aigre la femme du substitut.

— Taisez-vous, Jules, dit la mère du jeune homme, vous vous entendez fort mal à parler à voix basse et vous n'avez plus le sens commun, depuis que vous lisez les romans des auteurs du jour... Ne faut-il pas que certains hommes généreux se dévouent pour remplir ces tristes emplois ?

—J'aimerais presque autant le dévouement du bourreau, répliqua le fils incorrigible.

D'autres conversations avaient lieu dans les différens coins de la salle.

— Vous êtes témoin, mon brave homme ? dit un bourgeois d'Epinal à un robuste montagnard qui froissait avec rage dans l'une de ses mains l'assignation qu'il avait reçue du parquet.

— Vous êtes bien curieux ! répondit brusquement Gros-Pierre, car c'était le fermier que le citadin venait de tirer de ses pénibles rêveries.

— Au fait, est-ce que cela vous regarde ? dit Margueritte qui se trouvait aussi présente et qui se plaça, le poing sur la hanche, en face du malencontreux questionneur. Voyez un peu ce tas de badauds qui viennent flâner par ici, plutôt que de rester à leurs occupations !... Et pourquoi, je vous le demande ? pour voir condamner un pauvre garçon plus innocent que l'enfant qui vient de naître ?... N'est-ce pas une horreur de vouloir qu'il se défende un peu proprement, quand tous les yeux de ces imbéciles seront braqués sur lui ?.

— Dès lors qu'on ne juge pas à huis-clos, répliqua le bourgeois, le public est libre d'assister aux débats...

— Si tu lui débattais les côtes ! dit la nourrice en se tournant vers Gros-Pierre, crois-tu qu'il y aurait grand mal à cela ?...

Le bourgeois cherchait à s'esquiver pour ne pas compromettre les parties menacées de son individu, lorsqu'un huissier vint mettre fin à la querelle en faisant entrer les témoins dans une pièce particulière.

— La cour !

Ces mots furent à peine prononcés qu'un silence profond régna dans la salle et tous les fronts se découvrirent. Le président s'avança, vêtu de sa robe rouge, et resta debout près de son siége, en attendant que les membres du jury eussent pris place sur l'estrade qui leur était assignée. Les yeux se tournèrent alors vers la porte qui devait donner passage au prévenu. Les conversations recommencèrent à demi-voix.

— C'est un parricide.

— Il sera conduit au supplice avec un voile noir; le bourreau lui coupera d'abord le poignet droit... la guillotine achèvera l'affaire.

— Est-il jeune ?

— Vingt-deux ans.

— Bon Dieu, quel scélérat pour son âge !

— On dit qu'il est noble ?

— Bah ! tout le monde est noble depuis la révolution de juillet.

— Dites plutôt que personne ne l'est plus.

— Il n'en est pas moins vrai que, sous l'ancien régime, ces gaillards-là graissaient joliment la patte aux juges, lorsqu'ils avaient fait une faute d'orthographe... A présent que tous les français sont égaux devant la loi...

— Le voici !

—Tiens ! mais il n'a pas l'air d'un assassin...

— Pauvre jeune homme, s'il était innocent !

Le silence régna de nouveau. Léon traversa la foule d'un pas ferme ; son visage était calme. Derrière lui marchaient l'évêque d'H*** et Marie, qui regardaient comme un devoir sacré pour eux de soutenir une personne qui leur était si chère dans la lutte terrible qui allait commencer.

Le jeune homme avait d'abord combattu la résolution que son amante avait prise d'assister au jugement ; mais elle avait déployé tant d'insistance que Léon s'était enfin rendu à son désir.

— Sois forte et courageuse, Marie, lui dit-il : nous devons espérer beaucoup de la promesse d'un ami comme Arthur.

La vue de l'accusé produisit une étrange impression sur l'ame des spectateurs. Cette multitude avide qui s'enquérait, quelques minutes auparavant, des moindres particularités du crime et se battait les flancs pour s'enflammer d'une indignation de commande, changea tout à coup d'idées et de langage. Elle se prit de pitié pour ce jeune homme dont la figure était si douce, les traits si nobles, et dont tout l'extérieur semblait repousser jusqu'au soupçon d'un crime.

Léon fit à ses juges un salut plein de dignité,

puis il promena des regards calmes et sereins sur la foule qui venait de l'accueillir par un murmure de compassion. Les juges eux-mêmes partageaient les sentimens des spectateurs, et ce fut d'une voix émue que le président avertit l'audience que les débats étaient ouverts.

Les gendarmes firent lever le prévenu.

— Vos nom et prénoms ? demanda le président.

— Charles-Léon d'Arthenay.

— Votre âge ?

— Vingt-deux ans.

— Accusé, vous allez entendre l'acte d'accusation porté contre vous.

Le greffier lut ce qui suit au milieu de l'attention générale.

« Le quinze mai dernier, les montagnards habitant le val de Saint-D*** quittèrent leurs cabanes, dispersées çà et là dans un rayon d'une lieue, et se réunirent au château d'Arthenay pour assister à la fête que le marquis leur donnait chaque année. Antérieurement à cette époque existait un fait bien connu, savoir une grande mésintelligence entre M. d'Arthenay et son fils, mésintelligence dont la cause ne peut être attribuée au caractère du vieillard qui passait, aux yeux de toute la contrée, pour un modèle de bienfaisance et de religion. Deshériter un enfant est un acte de trop haute importance pour croire qu'un père puisse s'y décider sans motifs, et surtout un père comme M. d'Arthenay.

» Cependant le marquis avait pris cette résolution et son fils ne l'ignorait pas. Ce fut donc un grand sujet de surprise, pour tous ceux qui connaissaient ces antécédens, de voir Léon d'Arthenay prodiguer à son père, le jour de la fête, des témoignagnes de tendresse auxquels il ne l'avait pas habitué. Personne, néanmoins, ne se doutait que ces démonstrations cachassent l'arrière-pensée d'un crime : on aimait au contraire à voir un enfant ingrat revenir à des sentimens plus dignes de la nature. La fête se prolongea beaucoup plus tard que de coutume. Un banquet s'était organisé sous les berceaux du parc, et pour mieux cacher le fatal dessein qu'il avait conçu, Léon d'Arthenay fit boire les paysans à la santé du marquis. Profitant ensuite de la distraction générale des convives, il entraîna le vieillard dans un lieu solitaire... Ce fut loin des yeux des témoins, retenus par les plaisirs de la fête, que le plus épouvantable des forfaits, un parricide, fut consommé. »

Le vieil évêque, plus pâle que la mort, se leva du banc où il était assis, sans doute avec l'intention de protester contre un acte qui dénaturait si odieusement les choses ; mais un regard de Léon et un signe de bienveillance du président l'engagèrent à ne pas interrompre la lecture.

« Tous les montagnards présens à la fête, poursuivit l'officier de justice, ne doutèrent pas un seul instant que Léon d'Arthenay ne fût l'auteur du meurtre. La conduite extraordinaire que tint le jeune homme après avoir rejoint les convives, le trouble qu'il fit paraître en présence du cadavre, le morne silence avec lequel il accueillit les soupçons hautement manifestés par les montagnards, tout se réunissait pour éclairer la loi. Le meurtrier, les mains encore tachées du sang de sa victime, s'évanouit en se voyant découvert.

» Le juge d'instruction près le tribunal civil de Saint-D** ne balança pas à ordonner l'arrestation du coupable et lui fit subir un premier interrogatoire en le confrontant avec le corps inanimé du marquis. L'accusé, revenu de son premier effroi, nia son crime avec assurance et suivit ce système de dénégation dans tous ses autres interrogatoires. Il soutint qu'il n'avait emmené son père que dans le seul but de lui montrer un monument qu'il venait de faire élever dans le parc à la mémoire de la marquise d'Arthenay, sa mère, morte à Vienne pendant l'émigration et qu'il n'avait jamais connue. Ce fait, tout invraisemblable qu'il était, le devint davantage encore par les réponses que le prévenu fit aux questions qui lui furent adressées. Le magistrat lui ayant demandé quels motifs il pouvait avoir eus pour rappeler, au milieu d'une fête, à M. d'Arthenay, la perte douloureuse d'une épouse, il répondit qu'il devait taire ces motifs, et se renferma dans le désaveu formel du meurtre : cependant il ne put maîtriser son trouble lorsque le juge lui fit observer que ses mains étaient ensanglantées.

» En rapprochant ces diverses circonstances des déclarations invariablement uniformes des témoins et du cri public qui s'élevait de toutes parts pour accuser Léon d'Arthenay, la justice devait amener ce jeune homme sur la sellette des criminels, et lui demander compte, au nom des lois et de la société, de l'assassinat commis avec préméditation sur la personne de son père. »

Les huissiers, après cette lecture, furent obligés, à diverses reprises, d'imposer silence aux exclamations qui partaient des différens points de la salle.

La multitude, un moment prévenue en faveur de l'accusé, reprenait envers lui des dispositions hostiles. Le calme immuable du visage de Léon n'était plus que la froide insouciance du crime, et son maintien noble en présence de ses juges, que le comble de l'effronterie.

Le jeune homme ne sembla pas remarquer

ce changement subit dans l'esprit des spectateurs. Après avoir puisé du courage dans les yeux de Marie, il se leva gravement pour répondre à l'interrogatoire auquel allaient procéder ses juges.

— Accusé, dit le président avec douceur, l'intérêt que votre jeunesse inspire à la cour m'engage à vous donner un conseil. Ce conseil, déjà vous l'avez reçu du prudent magistrat qui vous a fait subir vos premiers interrogatoires. Si vous êtes réellement coupable, ne persistez pas à nier votre crime : ce serait prouver à vos juges que vous n'êtes pas susceptible de repentir, et que votre ame, si jeune encore, renferme un fonds d'immoralité qui devrait repousser toute indulgence.

— Monsieur le président, dit Léon, je vous promets que chacune de mes paroles sera l'expression de la vérité. L'intérêt que vous montrez pour ma jeunesse, je l'accepte comme innocent... coupable, je le repousserais !

— Je crois devoir avertir le prévenu, dit l'accusateur public en se levant, qu'il doit répondre plus simplement à la cour et laisser à son avocat les phrases étudiées, ainsi que le ton d'orateur qu'il prend lui-même en ce moment.

— Je n'ai pas d'avocat et je n'accepte pas les réflexions insultantes que monsieur le substitut vient de m'adresser... Je ne devrais pas être obligé de le rappeler aux égards qu'il doit à ma position.

Un murmure désapprobateur accueillit ces paroles du jeune homme.

— Non, je n'ai point d'avocat, reprit froidement Léon, parce que j'ai remis la justice de ma cause entre les mains de la Providence : elle ne tardera pas à la faire triompher.

— Bornez-vous à me répondre sans commentaires, interrompit le président. Veuillez faire connaître à la cour les causes de la mésintelligence qui existait entre vous et M. d'Arthenay.

— Je ne me suis jamais écarté du respect qu'un fils doit à son père... voilà tout ce que je puis dire à la cour.

— Cependant vous étiez informé de la détermination que le marquis avait prise de vous priver de son héritage : on croira difficilement que vous ayez appris cette nouvelle avec indifférence.

— Je me résignais à la volonté paternelle, et je m'efforçais, par de prévenantes attentions, de combattre la froideur que le marquis me témoignait. Cette conduite, j'ai le droit de le dire, m'avait rendu sa confiance et son amitié ; car, avant de succomber sous le fer d'un lâche assassin, mon père me serrait dans ses bras et me promettait, sur le mausolée de ma mère, de me confier un secret, hélas! mort avec lui...

— Quelle horreur! murmura-t-on dans la foule.

— Silence! cria la voix glapissante d'un huissier.

Les regards de l'évêque et ceux de la jeune fille se tournaient avec anxiété vers la porte de la salle. Leur cœur était douloureusement ému, car ils lisaient sur le visage des juges l'incrédulité la plus complète pour les discours de Léon.

Le président prit de nouveau la parole.

— Ainsi vous prétendez que, avant le jour de la fête, vous aviez pour votre père ces égards assidus qui ont causé tant d'étonnement à ceux qui connaissaient vos premiers torts envers M. d'Arthenay?

— J'ai déjà eu l'honneur d'affirmer à monsieur le président qu'en aucune circonstance je ne me suis écarté des sentimens de vénération que je témoignais à mon père... Si j'ai refusé d'embrasser l'état ecclésiastique auquel il me destinait, ma résistance a été respectueuse.

— A votre retour du séminaire, une explication violente n'a-t-elle pas eu lieu entre vous et le marquis ?

— Je n'entrerai dans aucun détail à ce sujet.

— C'est-à-dire que vous vous refusez à éclairer la justice ?

— Je me refuse à trahir un secret de famille dont je suis seul le dépositaire.

— Vous vous perdez, jeune homme ! Je regrette que votre obstination vous aveugle sur vos plus chers intérêts... Cependant vous avouez avoir conduit M. d'Arthenay dans un lieu désert du parc, loin des regards de tous ceux qui s'étaient assis au banquet... Vous avouez que vous étiez seul avec votre père ?

— Je l'avoue.

— Comment nous expliquerez-vous alors que le meurtre ait été commis par d'autres mains que les vôtres ?

— Je suis innocent !

— Lorsque vous avez rejoint les convives, pourquoi n'avez-vous pas ramené M. d'Arthenay ?

— J'étais revenu chercher ma tante et ma cousine pour les conduire à leur tour près du mausolée.

— Comment ne les aviez-vous pas emmenées d'abord ?

— J'avais à parler à mon père sans témoins.

— Et vous refusez de communiquer à la cour les raisons qui vous ont fait demander cette entrevue à M. d'Arthenay ?

— Je ne puis les dévoiler.

— Mais encore une fois, comment nous expliquerez-vous le meurtre ? Il faut donc supposer qu'il a été commis pendant votre absence momentanée... Pourtant vous venez de convenir que vous étiez seul avec le marquis.

— La nuit était sombre : un homme pouvait être caché sous les arbres touffus qui avoisinent le monument.

— Avez-vous quelques indices qui puissent aider la justice à découvrir le véritable assassin ?

— J'attends qu'il vienne se déclarer lui-même.

— Mais, jeune homme, s'écria tout à coup l'un des jurés, vos réponses sont d'une insigne folie !... Comment pouvez-vous espérer qu'un criminel vienne se livrer à la justice ? Si vous soupçonnez l'assassin, nommez-le !

— Je vous l'ai dit : lui-même viendra se nommer ! dit Léon d'une voix solennelle. J'ai confié mon sort aux soins de la Providence, au zèle d'un ami.... Que l'on passe à l'audition des témoins.

Une vive agitation régnait sur le banc des jurés et surtout parmi les spectateurs. L'audience fut un instant suspendue, car le tumulte était à son comble. Chacun faisait ses réflexions et commentait à sa manière les réponses du prévenu. Le plus grand nombre des personnes présentes à cette assemblée soutenaient avec un aplomb imperturbable que Léon d'Arthenay était en réalité coupable d'un parricide, mais qu'un fou ne devait pas être mis en jugement. Le plus petit nombre, c'est-à-dire les gens sensés, admiraient la retenue du jeune homme qui ne voulait pas traîner les secrets intimes de sa race dans la fange d'une cour d'assises; ils lui savaient gré de cette confiance en la bonté de sa cause qui lui faisait rejeter le secours d'un défenseur, et ne balançaient pas à croire qu'un incident inattendu ne vint, comme il le prédisait, prouver son innocence et détruire jusqu'à l'ombre d'un doute.

Le silence se rétablit graduellement, grace aux efforts de poumons des huissiers, et la voix du président put se faire entendre.

— Répondez encore à deux questions, dit-il au jeune homme. Pourquoi parûtes-vous insensible à la mort violente du marquis ? Les témoins s'accordent à dire que vous contemplâtes le cadavre d'un œil sec...

— Les grandes douleurs n'ont point de larmes, répondit Léon.

— Aussi la cour comprendrait-elle votre évanouissement à l'aspect de votre père expirant sous un coup de poignard... Mais vous perdez connaissance au moment où vous deviez faire preuve de force d'ame et vous disculper...

— Je le demande à tous ceux qui m'entendent, s'écria Léon, quel homme ne serait pas frappé droit au cœur en se voyant imputer un parricide ?

A ces mots, il se rassit sans attendre qu'il y fût invité par le président.

La fermeté de ses réponses et la noble fierté de ses manières en imposaient aux juges qui s'efforçaient vainement de concilier la tranquille assurance du prévenu avec les remords dont il devait être intérieurement déchiré.

Les témoins se succédèrent, sans que leurs déclarations fixassent les incertitudes du jury... Personne n'avait vu l'assassin frapper sa victime.

La séance fut levée pour être reprise le jour suivant.

Un jeune homme, dont les habits de voyageur étaient encore tout blancs de la poussière de la route, s'élança sous les guichets de la prison, avant que les verroux se fussent refermés sur l'accusé.

— Me voici! s'écria-t-il en se jetant dans les bras de Léon. Rassure-toi... Demain, je serai là !

XXV.

UNE NUIT BLANCHE.

Il y avait une demi-heure que deux chaises de poste s'étaient arrêtées à la porte d'une modeste auberge située dans le voisinage du Palais-de-Justice, à la grande stupéfaction des provinciaux qui s'émerveillaient de voir des gens en équipage choisir un logement chez le pire gargotier du pays.

De la première voiture sortit d'abord une espèce de paysan vêtu d'une blouse en toile bleue. Il souleva d'un bras vigoureux une jeune femme très pâle et s'empressa de la dérober aux regards des curieux, en la portant dans une chambre que l'hôte venait de lui désigner.

Quant aux glaces du second équipage, elles restaient opiniâtrément fermées, en dépit des regards qui s'efforçaient de pénétrer la couche épaisse de poussière dont elles étaient couvertes : de sorte que le rassemblement, composé du populaire d'Epinal, avait eu le temps d'épuiser toutes les conjectures plus ou moins bizarres que lui suggérait la mystérieuse berline, lorsque l'homme en blouse reparut et se mit en devoir d'ouvrir la portière.

Un premier voyageur, sans quitter le marchepied de la voiture, se pencha d'abord avec un air d'inquiétude à l'oreille du paysan.

C'était un tout jeune homme imberbe encore, mais dont les traits énergiquement dessinés semblaient annoncer une force de caractère à toute épreuve. Il parut satisfait, lorsque son compagnon lui fit voir, au premier étage de l'auberge, une fenêtre garnie d'épais barreaux de fer. Il se retourna soudain, fit un geste impératif, et l'on vit sortir un troisième personnage dont la figure était décomposée d'une manière effrayante. Les deux autres l'entraînèrent avec une précipitation brusque contre laquelle il n'opposa pas la moindre résistance; puis au bout de quelques minutes, le plus jeune des trois voyageurs revint s'installer, un cigare à la bouche, sur la porte de l'auberge, et se mêla sans façon au groupe des curieux qui ne jugèrent pas à propos de continuer leurs commentaires en sa présence.

— Citoyens et citoyennes de la bonne ville d'Épinal, dit Arthur d'un ton goguenard, en lançant à droite et à gauche de suffoquantes bouffées à l'encontre des physionomies quasi patriarchales qui l'entouraient, je dois vous adresser mes félicitations sur l'accueil bienveillant avec lequel vous recevez ceux qui débarquent sur vos parages... Cependant vous me feriez un sensible plaisir si vous jugiez à propos de me souhaiter le bonsoir ou de partager mon souper, car vous obstruez évidemment la voie publique.

En même temps, Arthur jouait d'un air d'indifférence avec une cravache très flexible qui s'égarait parfois sur les épaules des curieux.

Ces derniers s'éloignèrent en faisant au jeune homme la comique grimace de gens qui ne savent s'ils veulent rire ou se mettre en colère. Après leur départ, l'étudiant fit venir le maître de l'auberge, lequel s'avança respectueusement, son bonnet à la main, dans l'intime conviction qu'il avait affaire à quelque prince étranger.

— Les assises sont-elles ouvertes? demanda le jeune homme.

— Depuis deux jours, monseigneur.

— Pas de qualification ! dit Arthur avec un admirable sérieux : je voyage incognito.

— Je prie votre altesse de m'écouter, si...

— Courage, monsieur l'aubergiste ! en poursuivant la gradation, vous me prendrez bientôt pour le fils légitime du Père-Eternel... Soyez averti que ce genre de mystification n'est pas de mon goût: je ne compte faire dans votre auberge qu'une dépense très médiocre.

Ces mots produisirent un effet magique. L'aubergiste replaça son bonnet de coton sur son oreille droite, redressa sa taille courbée par les salutations et dit à l'étudiant d'un air très dégagé :

— Qu'y a-t-il pour votre service, monsieur ?

— Je voudrais connaître l'affaire dont le jury s'occupe à présent.

— Dam ! voici la nuit : l'audience doit être près de sa fin. Vous aurez au Palais-de-Justice des renseignemens plus exacts que ceux que je pourrais vous donner... Faudra-t-il servir monsieur dans sa chambre ?

— Faites appeler d'abord le docteur B..., qui passe, dit-on, pour le plus habile praticien du département, et conduisez-le près de la jeune dame qui habite la chambre du rez-de-chaussée... surtout n'entrez pas sans mes ordres dans la chambre du premier étage ! Vous ne servirez qu'à mon retour.

L'étudiant quitta l'aubergiste pour se rendre à la cour d'assises.

Il entra dans la salle au moment où l'on

venait de lever la séance et voulut en vain percer les flots de la multitude qui s'empressait autour du prisonnier : il ne put joindre son ami que sous les guichets de la prison.

Arthur lui glissa rapidement quelques paroles d'espérance et regagna sur-le-champ son auberge, afin de préparer le coup de théâtre qu'il réservait au jury pour le lendemain.

Nos lecteurs savent déjà le nom des autres personnages qui venaient de voyager en la compagnie d'Arthur. L'abbé Duval, sombre et le cœur dévoré d'une rage inutile, ne voulut toucher à aucun des mets qui lui furent offerts par l'étudiant. Pendant la courte absence du jeune homme, Thomas Gigoux avait gardé la porte du prêtre, et s'était hâté de redescendre auprès de Georgette aussitôt qu'Arthur avait été de retour.

— Puisque vous ne mangez pas, monsieur,

dit à l'ex-supérieur son ancien disciple, je vous prie d'écouter enfin l'explication que je n'ai pas voulu vous donner plus tôt... Nous sommes au terme de notre voyage.

L'abbé Duval croisa les bras et jeta sur Arthur un regard de haine.

Celui-ci, sans paraître remarquer l'air féroce de son convive, alla fermer la porte à double tour, et revint s'asseoir en plaçant, de chaque côté de son assiette, deux pistolets que le prêtre reconnut : ces armes n'avaient point quitté le jeune homme pendant la route.

Tous les préparatifs terminés avec le plus grand sang-froid, Arthur prit une moitié de poulet, remplit son verre jusqu'au bord, et continua la conversation, tout en donnant un libre cours à son appétit de voyageur :

— Vous savez, monsieur, poursuivit-il, par quelle heureuse circonstance je me suis trouvé possesseur de tous vos secrets d'infamie. Un homme, auquel vous aviez enlevé sa dernière espérance de bonheur, avait pris la résolution de vous loger dans le crâne le contenu de ces pistolets : j'ai réussi à lui faire comprendre qu'il fallait vous laisser vivre encore, et qu'il n'était pas le seul qui eût à tirer vengeance d'un scélérat éhonté ! Vous rappelez-vous, monsieur, comme vous étiez lâche en nous demandant la vie ? Vous souvient-il que moi, jeune homme, moi qui vous respectais avant de vous connaître, je vous ai fait plier le genou pour écrire et signer de votre main l'aveu de tous vos forfaits ? Vous nous avez choisis pour compagnons de voyage, de préférence aux gendarmes qui vous eussent amené moins poliment, moins commodément surtout, de brigade en brigade. Je me suis servi, pour nous procurer des moyens de transport, de l'argent qui vous avait été prêté par l'usure avide sur l'héritage volé à Léon d'Arthenay, et j'ai fait route sans crainte avec vous... Car vous saviez que, à la moindre tentative d'évasion, je vous eusse fait sauter la cervelle... Maintenant qu'il vous reste encore quelques jours à vivre avant d'expier vos crimes sur l'échafaud...

— Que signifie ce langage, monsieur? s'écria l'abbé Duval qui renversa son siége et fit un pas vers Arthur.

— Je vais m'expliquer, monsieur le supérieur!...

— Mais ajouta le jeune homme, en armant ses pistolets, veuillez vous asseoir et rester à l'autre bout de la chambre : je ne me fie pas à vous...

Le prêtre obéit en grinçant les dents.

Arthur, toujours maître de lui, trempa froidement un biscuit dans un verre de bordeaux, puis il passa la bouteille à son interlocuteur qui fit un geste de refus.

— Vous vous êtes imaginé sans doute, reprit-il, qu'un chiffon de papier portant votre signature me suffirait pour établir l'innocence de Léon ? vous espériez que je vous déposerais à la frontière et que je vous sauverais ainsi des poursuites de la justice... Erreur ! tel n'a pas été mon plan. Ce que vous ignorez encore, c'est que Léon d'Arthenay comparaît aujourd'hui même devant la cour d'assises, et que, les débats se continuant demain, il me faudra votre présence et vos aveux pour sauver mon ami d'une condamnation flétrissante que vous méritez seul.

— Mais ce que vous me demandez est au-dessus des forces de l'homme ! s'écria l'abbé Duval en brisant entre ses doigts le verre qu'il avait refusé de remplir.

— Comprenez-moi bien, monsieur, dit Arthur en attachant un regard sévère sur la figure livide du prêtre : je pouvais, à Meaux, je le devais peut-être, appeler à mon secours les forces de la loi... Je vous ai donc laissé le plus beau rôle, c'est-à-dire celui d'un homme qui, sans être traduit à la barre, sans être soupçonné, vient de lui-même se déclarer coupable et faire tomber les chaînes qui chargent des mains innocentes.

— Ainsi, dit l'abbé Duval, vous m'avez attiré dans un piége ? Vous m'avez laissé croire à votre générosité pour me perdre plus sûrement ?... Sachez, monsieur, que je puis tout nier encore, et je le ferai !

— Vraiment ? dit Arthur avec ironie ; vous oubliez sans doute le papier dont je suis porteur ?

— On comprendra facilement que vous m'ayez arraché de pareils aveux par la violence.

— Vous oubliez encore, reprit l'étudiant, que les dépositions de Georgette doivent être accablantes pour vous ; vous oubliez que les domestiques de l'hôtel de Meaux seront autant de témoins dont les paroles obtiendront croyance...

—Suivez mon avis, continua le jeune homme avec un calme parfait : ennoblisez du moins votre fin tragique par l'apparence du repentir, si, comme je le crois, il vous est impossible d'en éprouver un véritable.

— Il faut que tout cela finisse! s'écria le prêtre en poussant un hurlement impossible à décrire.

Il se levait, les yeux étincelans de fureur et la bouche écumante ; mais Arthur courut à sa rencontre et le terrassa. Lui plaçant ensuite un genou sur la poitrine, il le tint en respect avec une force surnaturelle.

— Lâche meurtrier ! s'écria-t-il, tu n'auras pas aussi facilement ma vie que tu as eu celle d'un vieillard !... En dépit de tous les efforts que tu pourras tenter pour te soustraire à ma surveillance ou me joindre à tes autres victimes, j'accomplirai la tâche que je me suis imposée... Dussé-je avoir recours à des moyens violens pour t'empêcher de me nuire, je saurai te briser les membres et te laisser néanmoins assez de vie pour répondre à tes juges !

Cependant l'hôte et tous les domestiques de l'auberge, accourus au bruit de la lutte, voulaient connaître la cause de ce tapage nocturne.

Arthur lâcha le prêtre dont les forces étaient épuisées, prit sur la table les armes, desquelles il craignait que l'abbé Duval ne s'emparât ; puis, sans ouvrir la porte, il rassura l'aubergiste en lui disant que son compagnon, sujet à de fréquentes attaques d'épilepsie, venait d'en éprouver une à l'instant même. Il ajouta qu'il était pourvu de tous les remèdes propres à calmer les convulsions, et qu'on ne se dérangeât pas si, pendant la nuit, pareil accident se renouvelait.

Le jeune homme revint ensuite auprès du prêtre dont la contenance abattue lui prouvait qu'il n'avait plus à craindre de rébellion de sa part.

— Je suis désolé, monsieur, lui dit-il, que vous m'ayez forcé d'agir de la sorte envers vous. Réfléchissez un instant sur notre position respective : vous comprendrez la nécessité de vous soumettre à mon inébranlable résolution... Je le répète : vous pouvez donner l'apparence d'un généreux dévouement à la fin d'une vie trop criminelle.

— Mais l'échafaud ! l'échafaud ! s'écria l'abbé Duval en pressant à deux mains sa tête brûlante.

— Avez-vous l'intention de vous réconcilier avec Dieu ? demanda l'étudiant d'une voix émue, car cet homme commençait à lui inspirer de la pitié... La mort vous paraîtrait peut-être moins terrible, si vous laissiez le repentir entrer dans votre ame.

Le prêtre regarda quelque temps Arthur avec une expression de visage qui fit presque reculer d'horreur le jeune homme. Il lui dit enfin d'une voix sombre et les lèvres contractées par un sourire satanique :

— Je ne crois plus à rien !

— Vous êtes bien malheureux et je vous plains sincèrement, dit Arthur.

Puis, voulant rompre un entretien désormais inutile, puisqu'il avait averti l'assassin du sort qui l'attendait, il lui conseilla de prendre du repos, ou du moins, si l'état dans lequel il se trouvait ne lui permettait pas de goûter le sommeil, de réparer ses forces par un peu de nourriture.

— Quant à moi, dit l'étudiant, je veillerai jusqu'au jour.

— Ainsi, murmura l'abbé Duval, qui ne perdait pas l'espoir de fléchir Arthur, vous me livrez de gaîté de cœur à l'échafaud? Ma mort est inutile au salut de Léon d'Arthenay, puisque Georgette... Georgette! tout le monde m'abandonne!...

— Enfant, continua-t-il, en se traînant aux pieds du jeune homme, tu ne sais donc pas combien la mort est horrible? N'est-il pas affreux de songer qu'on est là, plein de vie, et qu'un instant après on n'est plus qu'un cadavre? Crois-tu que l'on puisse envisager, sans que l'ame éprouve d'inconcevables tortures, ce passage de l'existence à la tombe?

— Oh! dit l'étudiant, vous n'avez pas fait toutes ces réflexions lorsque vous avez frappé vos victimes!

— Grace, enfant, grace!... Ne comprends-tu pas qu'un homme soit aveuglé par de funestes passions? Quand j'ai versé le sang, moi, j'étais poussé par le délire de la vengeance... Le marquis n'a pas vu la mort s'approcher, non ! car le fer est bien entré dans son cœur...

— Taisez-vous, homme atroce !

— Oui, continua le prêtre, en se parlant à lui-même, le fer est entré dans son cœur : il ne s'est pas senti mourir... Au lieu que moi je verrai la mort dans tous ses épouvantables apprêts ; je compterai les heures, les minutes qui me resteront à vivre ; on dressera devant mes yeux l'instrument du supplice... Et cet homme, le bourreau... Non ! non, je ne veux pas mourir !

Trois coups frappés à la porte annoncèrent à l'étudiant que Thomas Gigoux désirait entrer dans la chambre. Arthur s'empressa d'ouvrir, et son compagnon de voyage parut suivi de Gros-Pierre.

En reconduisant le médecin qui venait de le tranquilliser sur la maladie de Georgette et de lui annoncer gravement que le lait de la jeune femme avait pris un cours naturel, Thomas Gigoux avisa dans la rue un homme qui marchait la tête baissée, comme s'il eût pris à tâche de compter, à la clarté des réverbères, les cailloux aigus que la Moselle fournit à ses villes riveraines : système de pavage bien propre à faire jurer l'étranger qui trébuche à chaque pas.

L'enfant de Paris alla frapper sur l'épaule de cet homme qui jeta d'abord un cri de surprise et qui reprit ensuite son attitude consternée en disant avec tristesse :

— Tu reviens seul, Thomas ?

— Vous pouvez vous en assurer, beau-père, mon auberge est en face.

— Ah ! s'écria le fermier, tu m'appelles d'un nom qui me rend bien heureux !

— C'est un reste d'habitude, répondit le Parisien.

Puis, comme ils étaient sur le point d'entrer dans la chambre de la malade, il ajouta :

— Georgette est ici... mais il vous faudra seulement paraître lorsque je l'aurai préparée à vous voir : une émotion trop forte lui serait peut-être mortelle.

Il profita de l'obscurité que laissait dans la pièce la faible clarté d'une veilleuse pour introduire le fermier qu'il fit asseoir en arrière du lit de sa fille.

— Est-ce vous, mon ami ? demanda la malade en soulevant ses rideaux.

— Oui, Georgette... A quel autre voudrais-je confier le soin de veiller sur vous ?

— Merci, Thomas, merci ! Vous avez un noble cœur et je ne mérite pas tous les soins que vous prenez de moi. Hélas ! j'aurais dû mourir et cacher mon déshonneur dans la tombe !

— Georgette, je vous avais pourtant priée de ne plus me tenir de pareils discours.

— Mais puis-je donc échapper à mes remords ? s'écria la pauvre fille, en se voilant le visage de ses mains amaigries. Puis-je oublier que j'ai perdu sans retour votre... estime, que je ne suis plus à vos yeux qu'une femme perdue ?

Gros-Pierre tressaillit sur son siége et son front se couvrit d'une sueur froide. Thomas prit la main de la malade.

— Si je vous avais ôté mon estime, lui dit-il d'une voix douce, vous aurais-je offert mon amitié ?

— Votre amitié !.... Oui, Thomas, vous m'avez offert votre amitié, reprit Georgette en fondant en larmes, car je ne mérite plus votre amour ! Je me suis indignement conduite à votre égard, et le reste de ma vie, passé dans les larmes, ne rachètera que bien faiblement mes torts.

— Votre repentir les a déjà rachetés... Il vous faudra demain beaucoup de courage, mon enfant.

— J'en aurai, Thomas, j'en aurai!.... dussé-je mourir de honte!

— Votre père se trouvera sans doute aux assises, Georgette...

— Oh! croyez-vous qu'il me pardonne? s'écria la jeune paysanne suffoquée par les sanglots.

— Thomas, reprit-elle, s'il est vrai que je puisse obtenir son pardon et celui de ma mère, eh bien! vous me donnerez de nouveau l'assurance que vous ne m'avez pas ôté votre estime; vous me direz encore quelques-unes de ces douces paroles avec lesquelles vous avez calmé mon désespoir... et puis je mourrai contente, je rejoindrai mon enfant!

— Malheureuse ! cria le fermier qui parut tout à coup aux yeux de Georgette avec un visage pourpre de fureur, as-tu donc déshonoré ton père ?

— Ne la maudissez pas ! dit l'enfant de Paris en soutenant la jeune fille qu'un mouvement d'effroi venait de faire dresser sur son séant... Dès ce jour, Georgette est ma femme !

— Ah ! tu ne sais pas tout ! dit Gros-Pierre accablé. Monseigneur et mademoiselle de Verneuil m'ont ouvert les yeux... Cet homme, l'abbé Duval...

— Est l'assassin de M. d'Arthenay, je le sais.

— Et tu veux que je pardonne? s'écria le montagnard dont la voix retentit comme un éclat de tonnerre.

— Je pardonne bien, moi ! Je dis plus : je l'aime encore, ajouta Thomas en pressant la jeune fille contre son cœur. Voyons, beau-père, embrassez ma femme !

Oubliant enfin sa colère et cédant à l'impulsion de l'amour paternel, le fermier se jeta dans les bras de sa fille et ne les quitta que pour s'élancer en pleurant dans ceux de Thomas Gigoux.

— Si quelque chose peut consoler de tous les chagrins possibles, s'écria-t-il, c'est de rencontrer un homme comme toi !

— Sortons, beau-père, et laissons reposer Georgette, dit l'enfant de Paris. Vous allez voir que je n'ai pas perdu mes frais de voyage.

Ils montèrent l'escalier qui conduisait à la chambre de l'étudiant.

Gros-Pierre, qui ne s'attendait pas à trouver l'abbé Duval, ne put retenir une exclamation mêlée de surprise et d'horreur. Il marcha droit au prêtre qui n'avait pas quitté sa posture suppliante, et s'apprêtait tout naturellement à se faire justice lui-même, avec un poing dont la vigueur eût assommé un bœuf, lorsque Thomas Gigoux l'arrêta.

— Tout beau! fit le Parisien : respectez ce gibier de potence ; nous l'avons réservé pour les assises.

— Ah! brigand! s'écria le montagnard, je ne serai donc pas ton fermier!.... Tu rendras gorge, vaurien! Les belles et bonnes terres de M. d'Arthenay retourneront à leur héritier légitime... Et ma fille, bandit? ma fille que tu m'avais volée?... Thomas, je t'en conjure, laisse-moi lui travailler les os à mon aise, ne fût-ce que pendant une minute...

— Fi donc, beau-père! il n'y a que le bourreau qui puisse toucher à cet homme-là sans craindre de se gâter les mains.

— Remerciez plutôt le libérateur de Georgette, dit Thomas en présentant Arthur au fermier.

La reconnaissance du montagnard pensa devenir fatale à l'étudiant, qui fut obligé de demander grace aux bras robustes qui l'étreignaient.

— Ce lâche a donc peur de la mort? il a eu la bassesse de se traîner à vos pieds, n'est-ce pas, monsieur Arthur? dit Thomas Gigoux en haussant les épaules.

— Oui, répondit l'étudiant; mais l'éclatante justification que je réserve à mon ami ne me permet pas d'écouter de pareilles prières.

— Ah! tu as peur, mon gaillard? s'écria le fermier qui, d'une main, saisit en même temps l'abbé Duval et le força de se tenir debout: tant mieux, mille diables!... ta grimace n'en sera que plus laide lorsqu'on te culbutera sur la bascule!

Le prêtre éperdu ne trouvait pas un mot à répondre, en présence de ces trois hommes qui tous étaient au courant des odieux mystères de sa vie. Il les regardait avec des yeux tellement remplis d'effroi que le fermier lui-même se reprocha comme une cruauté les paroles qu'il venait de lui faire entendre.

— Voici le jour, dit-il en s'approchant de la fenêtre pour cacher l'espèce d'émotion qu'il ressentait : dans quelques heures nous aurons affaire au jury... Après une nuit passée sans dormir, il faut réparer nos forces par un bon déjeuner... qu'il partagera, si bon lui semble, ajouta-t-il avec un peu d'hésitation en montrant l'abbé Duval.

Gros-Pierre descendit à ces mots pour réveiller l'aubergiste.

— Ecoute-moi, Jacques Duval, dit l'enfant de Paris, en tirant le prêtre à l'écart dans l'embrâsure de la fenêtre. Je conçois ton horreur pour l'échafaud... Il est un moyen de t'y soustraire.

— Lequel? demanda l'abbé Duval dont la figure se colora subitement.

— Ne livre pas ton ame à d'inutiles espérances, reprit Thomas Gigoux : voici ce que je te propose. Tu ne diras pas un mot devant les juges de tes relations avec Georgette, car l'honneur de cette jeune fille est désormais le mien... A cette condition, je t'épargnerai la honte de mourir comme un infâme criminel.

Le prêtre interrogea son rival par un regard inquiet.

— Je te donnerai du poison, dit l'enfant de Paris, et tu t'en serviras; s'il te reste encore dans le cœur le moindre sentiment d'énergie.

L'abbé Duval recula violemment et son visage reprit sa hideuse pâleur. Enfin, après une lutte dont les transes mortelles se dévoilaient par le tressaillement de ses nerfs et les larges gouttes de sueur qui découlaient de son front, il répondit d'une voix éteinte :

— J'accepte.

Thomas Gigoux le quitta pour aller avertir Georgette qu'elle n'aurait pas à rougir devant les juges, sa déposition devenant inutile, si le prêtre exécutait sa promesse.

XXVI.

SUITE DE LA COUR D'ASSISES.

Un incident qui frappa de surprise les jurés et les spectateurs, signala l'ouverture de la séance.

Arthur s'étant approché de l'évêque d'H*** et de mademoiselle de Verneuil, celle-ci reconnut aussitôt l'étudiant et s'écria de sa place, en étendant les bras vers le prévenu :

— Nous sommes sauvés!

Puis elle se rassit, confuse et la rougeur au front, mais heureuse et renaissant à l'espoir, que les sinistres débats du jour précédent avaient presque éteint dans son cœur.

Chacun se demandait quelle pouvait être la cause de cette exclamation de la jeune fille et de la joie qui remplaçait, sur son candide visage, la pâleur et la consternation de la veille. L'étonnement redoubla lorsqu'on vit Léon répondre avec bonheur aux signes d'amitié que lui adressait le jeune homme assis auprès de l'évêque. Mais Arthur ne voulait pas livrer encore le secret de l'énigme. Il s'entretint chaudement avec le prélat.

Derrière eux, à quelque distance, l'abbé Duval, semblable à un moribond, était surveillé de près par Thomas Gigoux, auquel

Arthur devait faire un signal lorsqu'il s'agirait de produire l'assassin.

Le plus grand nombre des témoignages ayant été recueillis, il ne restait plus à entendre que les témoins à décharge. Gros-Pierre fut appelé le premier.

Il s'avança pour prêter serment et répondit avec un léger ton de raillerie aux questions préliminaires qui lui furent adressées.

— Votre âge ?

— Quarante ans à la Chandeleur.

— Votre profession ?

— Fermier, pour vous servir.

— Vous jurez de dire la vérité et rien que la vérité ?

— Parbleu, si je le jure ! c'est bien le moins du monde qu'un honnête homme la dise, après qu'un tas d'imbéciles vous ont corné des mensonges.

— Vos réponses à la cour doivent être respectueuses, dit le président avec gravité.

— Est-ce que je l'insulte, la cour? En voilà une sévère, par exemple!... Je parle comme ça me vient. Dam! on ne reçoit pas une *inducation* bien soignée dans nos montagnes...

— Connaissez-vous le prévenu?

— Un peu que je le connais!... C'est le meilleur jeune homme et le caractère le plus estimable du pays. Je défends à qui que ce soit de soutenir le contraire... et vous serez bientôt de mon avis, encore!

—Témoin, dit l'avocat du roi, les réflexions vous sont interdites, et le ton que vous prenez en parlant à la cour est d'une irrévérence blâmable. Je dois vous rappeler à l'ordre.

— Rappelez à tout ce que vous voudrez! répliqua Gros-Pierre. Je vais dire en deux mots à M. le président ce que je pense de la chose... Le jeune homme que vous voyez est assassin comme vous et moi : par conséquent, ceux qui l'ont fait empoigner ont commis une brioche du premier ordre... Voilà!

— Comment justifierez-vous cette assertion? demanda le président.

— Cette *asser...* quoi? dit le fermier. Le diable m'emporte si je comprends ce latin-là!

— Le jury vous demande quelles preuves vous pouvez donner de l'innocence du prévenu?

— Quelles preuves? c'est que M. Léon n'a pas fait le coup... Ma foi, c'est bien clair!

— Je demande que l'on passe à l'audition du dernier témoin, dit le substitut en se levant : cet homme déraisonne.

— Ah! je déraisonne! Vous croyez cela, vous?... Eh bien, si je n'avais pas reçu la consigne de me taire... Mais c'est bon : vous verrez tout à l'heure, je ne vous en dis pas davantage!

Gros-Pierre alla se placer près de l'abbé Duval et lui dit à l'oreille :

— Hein ? qu'en pensez-vous, monsieur Lopez ? Il prétend que je déraisonne...

On introduisit Marguerite, et ses réponses furent dans le même style que celles du fermier.

— Depuis combien d'années habitez-vous le château d'Arthenay ?

— Depuis dix-huit ans, mon cher monsieur.

— Puisque vous étiez admise dans l'intimité de la famille, vous devez connaître les motifs que M. d'Arthenay pouvait avoir de se plaindre de son fils...

— Lui ? se plaindre de M. Léon ? j'aurais bien voulu voir cela, par exemple !... Le marquis, au contraire, avait tous les torts : c'était un vieux sans cœur !

— Marguerite ! s'écria Léon, je vous ordonne de respecter la mémoire de mon père !

Ces mots, prononcés avec tout l'accent d'une indignation véritable, excitèrent les applaudissemens unanimes de l'assemblée, et firent passer dans tous les esprits la conviction de l'innocence du prévenu. Léon se rassit et laissa couler des larmes abondantes.

— Mon cher enfant, reprit Marguerite, je n'ai pas dit qu'on avait bien fait de l'assassiner... Le pauvre homme a été cruellement puni de sa dureté à votre égard! Cependant il faut bien que j'avoue ce qu'il en est, puisqu'on a fait la bêtise de vous amener ici.

— Prenez garde aux expressions que vous employez, dit le président avec bienveillance, et faites connaître à la justice tout ce que vous savez relativement à l'espèce d'inimitié qui régnait entre M. d'Arthenay et son fils.

— Aussi vrai que je respecte votre robe rouge, dit Marguerite, sans tenir compte des représentations qui venaient de lui être faites,

c'est une bêtise amère d'avoir accusé M. Léon :
ce cher enfant est doux comme un agneau...
Je le sais pardine bien, puisque je l'ai nourri
de mon lait ! J'étais donc pour vous dire que
le marquis n'aimait pas son fils, d'abord parce
qu'il n'aimait personne, ensuite parce qu'il
n'écoutait que les conseils d'un maudit jésuite
que le ciel confonde !... A preuve, qu'il a
donné tous ses biens à l'abbé Duval et que le
scélérat l'en a récompensé.

— Chut ! fit-on dans l'auditoire.

— Huissiers, dit le président, priez celui
qui s'avise d'imposer silence au témoin de
sortir à l'instant même.

— Bah ! Ce n'est pas la peine de vous déranger, dit Marguerite en se tournant vers
l'huissier qui se disposait à obéir : celui-là
sait bien ce qu'il fait ! c'est moi qui oubliais
la consigne...

—Expliquez-nous le mystère de ces paroles : vous le devez dans l'intérêt du prévenu.

Le prévenu n'est pas coupable, dit Marguerite en se retirant; je vous laisse vous démêler comme bon vous semblera... Je n'ai plus d'inquiétude depuis ce matin.

Ce fut au milieu du tumulte occasionné par les réponses énigmatiques de ces deux témoins que l'avocat du roi commença son réquisitoire:

« Messieurs les jurés, dit-il, le système de défense choisi par le prévenu pourrait faire hésiter la conviction de gens moins éclairés que vous. Ces protestations d'innocence proférées avec le ton de la vérité, ce calme apparent qui se lit sur le front du coupable, ce refus d'un défenseur, tout cela joint à quelques larmes feintes, et aux dépositions des témoins que vous venez d'entendre, témoins que le ministère public aurait pu récuser, si la noble impartialité de la justice n'était pas là pour tous !... Tout cela, dis-je, vous aurait ébranlés peut-être, sans les preuves évidentes que nous avons acquises.

» En effet, messieurs, un meurtre vient glacer d'horreur une population tout entière, et cette population se lève en masse pour accuser l'assassin. Qu'un homme se trompe et juge légèrement d'après les apparences ; que plusieurs individus isolés prennent de vagues soupçons pour une certitude : il n'y a rien là que de fort ordinaire, et vous déjouez tous les jours de pareilles erreurs... Mais lorsque plus de mille personnes, voyant les joies d'une fête changées en deuil, accourent sur la scène du meurtre et s'écrient, en montrant un homme debout près du cadavre : Voilà l'assassin ! croyez-le, messieurs les jurés, ces personnes ne se trompent pas.

» Il y a dans ce cri, que jette la foule, une révélation foudroyante, un invicible argument dont la conséquence est si terrible pour le coupable qu'il se trouble et, par cet aveu tacite de son crime, dissiperait les derniers doutes, s'il pouvait en exister encore.

» Le véritable meurtrier, désigné par un si grand nombre de témoins à la vindicte publique, voudrait aujourd'hui surprendre votre bonne foi, vous abuser par d'hypocrites paroles. Vous l'avez entendu nier son forfait avec toute l'énergie que donne une conscience pure. Il ne s'est plus troublé; son visage est resté calme pendant le cours des débats... Nous regrettons qu'à cet âge le germe de la démoralisation se soit tellement développé dans son cœur qu'il ait acquis déjà ce fatal sang-froid qui caractérise les grands criminels et prouve à la justice que, le repentir étant mort chez de tels hommes, elle doit les retrancher du corps social et se montrer inflexible.

» Suivons pas à pas Léon d'Arthenay, depuis

sa sortie de l'école ecclésiastique, jusqu'au jour de son crime.

» Au lieu d'avouer simplement à son père que ses goûts l'éloignaient de la prêtrise, il prend un détour et feint une maladie...»

— Je dois démentir cette insinuation! s'écria l'évêque, sans écouter Arthur qui l'exhortait à ne pas interrompre le ministère public : je le dois, car la réputation de mon neveu sortira de ce tribunal exempte de toute flétrissure! J'ai ramené moi-même au château Léon d'Arthenay privé de sentiment : sa maladie n'était que trop réelle.

« Messieurs les jurés, continua le substitut, les discours de ce vénérable prélat vous montrent que son coupable neveu a su exploiter la sensibilité d'un vieillard. Rappelez-vous qu'une explication violente a eu lieu, le soir même de ce retour au château. Croira-t-on qu'un malade, agité quelques heures auparavant par les transports d'un prétendu délire, ait trouvé néanmoins, dans l'état de faiblesse où il paraissait être réduit, la force de soutenir une lutte scandaleuse contre l'autorité paternelle?... Non, messieurs; vous féliciterez avec moi monseigneur l'évêque d'H*** de ses louables efforts pour soutenir l'honneur de sa famille; vous le plaindrez, comme je le plains moi-même, en poursuivant toutefois la tâche que la société vous impose.

» Les témoignages vous ont prouvé que Léon d'Arthenay s'était mis dans un état de rébellion ouverte vis-à-vis du marquis, et que les détestables procédés de son fils avaient déterminé le vieillard à punir tant d'ingratitude.

» En apprenant que des mesures sont prises pour le dépouiller de son héritage, Léon d'Arthenay rumine de sinistres projets de vengeance et cherche le moyen de les accomplir.

Bientôt le plan de son crime est arrêté... La fête annuelle doit amener au château la plus grande partie des habitans de la vallée : le soupçon planera sur tous !

» Alors commence ce hideux système de préméditation qui consiste à cacher à la victime le fer que l'on destine à son cœur, à la caresser pour mieux l'égorger ensuite. On voit Léon d'Arthenay se promener avec le marquis au milieu des montagnards rassemblés à la fête ; il accable son père de prévenances, porte un toast à la prolongation de ses jours, et l'emmène ensuite, en colorant ce départ d'un prétexte qui n'est pas même admissible.

» Le meurtre est consommé ! Le cadavre sanglant du vieillard est étendu sur la poussière, et l'infortuné marquis a rendu le dernier soupir sans pouvoir nommer son assassin !... Mais, au milieu de la foule consternée,

Léon d'Arthenay se trahit lui-même, par une permission du ciel qui, tôt ou tard, met la justice sur les traces du coupable...

» Oui, s'écria le substitut, en s'adressant à l'accusé, au milieu d'un *magnifique* mouvement d'éloquence, dites-nous quel autre que vous avait intérêt à commettre ce meurtre, quel autre on pouvait soupçonner ?... Prompt à quitter un lieu que vous aviez arrosé du sang de votre père, égaré par de tardifs remords, vous êtes revenu montrer aux convives l'effrayant spectacle d'un homme bourrelé par les reproches de sa conscience. Votre œil était hagard, votre démarche chancelante... On lisait, au travers de votre joie forcée, l'aveu du crime que vous veniez de commettre, et, lorsque la voix accusatrice des montagnards s'éleva contre vous, la justice éternelle avait déjà tracé sur votre front ce mot : PARRICIDE !

» Pas une larme ne tomba de vos yeux à

l'aspect du corps inanimé du marquis; mais vos mains étaient encore humides de son sang... Léon d'Arthenay, vous avez tué votre père! »

L'avocat du roi s'arrêta pour lire sur la figure du prévenu l'effet produit par sa harangue; mais il fut un instant déconcerté par le regard impassible que le jeune homme attachait sur lui.

Cette muette contemplation fut remarquée de l'auditoire, et plusieurs voix s'écrièrent :

— Ne voyez-vous pas qu'il est innocent ?

« Vous avez assassiné votre père! répéta le substitut, dont le doute passager venait de faire place à l'indignation. Vous l'avez accompagné seul; tous les autres invités étaient assis au festin ou se trouvaient sur le lieu de la danse... Vos propres aveux ont appris à la justice qu'il n'y avait personne aux environs du mausolée... »

— Excepté cet homme! s'écria Thomas

Gigoux, en poussant l'abbé Duval à la barre.

Arthur avait fait un seul geste, et le prêtre vint tomber à genoux sur la première marche de l'estrade, en face du président.

— Le voilà celui qu'il fallait mettre sur la sellette! continua l'enfant de Paris, en se tournant vers le substitut. Vous qui parliez si bien tout à l'heure, regardez la figure d'un véritable criminel pour ne plus vous y tromper une autre fois!

De bruyantes acclamations accueillirent ces paroles, et toute l'audience se mit à considérer le personnage inattendu que l'on jetait en pâture à la cour d'assises.

En se relevant, l'abbé Duval fit un mouvement rapide qui ne fut compris que du Parisien... Puis il s'appuya chancelant sur la balustrade qui le séparait des juges. Il y avait deux jours qu'il n'avait pas voulu prendre de nourriture. Ses traits livides, ses cheveux en désordre et blanchis par les terribles émotions qu'il éprouvait depuis la veille, lui donnaient l'apparence d'un spectre sortant du tombeau. Quand on le vit promener sur la foule des regards éteints, et que l'on put remarquer ce visage couvert d'une pâleur blafarde, on crut dans l'auditoire qu'il allait tomber mort avant qu'il fût possible de l'interroger...

Cependant, il parut reprendre quelques forces et se dirigea vers Léon, qui s'écria saisi d'horreur :

— Monsieur le président, je vous en conjure, défendez que ce monstre m'approche !

Deux gendarmes empêchèrent le prêtre d'aller plus loin.

Se retournant alors vers les juges, et montrant la sellette, il dit avec un accent qui fit passer un frisson dans l'ame de tous es spectateurs

— Je suis l'assassin de M. d'Arthenay...

Pourquoi me défend-on de m'asseoir à cette place ?

Le président était sous l'empire d'une émotion si profonde, qu'il ne put que faire un signe d'assentiment lorsque l'un des jurés s'écria :

— Arrêtez celui qui vient de se déclarer coupable, et que ce jeune homme soit libre jusqu'à nouvel ordre.

Un instant après, Léon s'élançait dans les bras d'Arthur. Des larmes d'attendrissement coulèrent de tous les yeux quand on vit mademoiselle de Verneuil pleurer de joie sur le sein de son amant et le vieil évêque embrasser avec une effusion touchante son neveu justifié. Marguerite, Gros-Pierre et Thomas Gigoux se mêlèrent à cet heureux groupe. Le fermier s'écriait en riant et en sanglotant tout à la fois :

— Qu'on vienne dire encore que je déraisonne !

Arthur s'empressa de rendre compte au tribunal des circonstances qui l'avaient aidé à découvrir l'assassin, glissant rapidement sur celles qui pouvaient compromettre l'honneur de Georgette. Le jeune étudiant termina, par ces mots adressés au ministère public, la narration que les éloges donnés à son amitié généreuse avaient plus d'une fois interrompue :

— Je voulais laisser condamner celui dont le calme vous irritait, pour rendre sa justification plus éclatante; mais j'ai perdu patience en entendant les paroles que l'on jetait à la face d'un innocent! Je frémissais à la pensée que de telles paroles eussent fait tomber la tête de Léon d'Arthenay, si la Providence ne m'avait pas mis sur la voie du meurtrier... Monsieur le substitut, je vous ai préservé d'un éternel remords !

— Je vous remercie d'avoir éclairé la justice, répondit l'avocat du roi. Trompé, comme tous les autres, par de fausses apparences, je devais remplir les fonctions de ma charge...

— Et moi je devais sauver mon ami! dit Arthur en se précipitant au cou de Léon.

— Cet homme se meurt! s'écria soudain l'un des gendarmes, en appelant l'attention de la cour sur l'abbé Duval.

En effet, le prêtre, qui s'était empoisonné, se tordait au milieu de convulsions affreuses. Une bave verdâtre coulait au travers de ses dents serrées, et l'on entendait le bruit de ses mâchoires qui s'entrechoquaient dans les frissons d'une horrible agonie.

Tout à coup, agité d'un transport furibond, il renversa les gardes qui le retenaient sur son siége et vint se jeter, en poussant des cris pareils aux hurlemens d'une bête fauve, sur les degrés de l'estrade dont il avait voulu s'éloigner d'abord.

Les juges se levaient avec effroi ; mais les

gendarmes atteignirent le furieux. Dans l'impossibilité de le reconduire sur la sellette, ils le forcèrent à se tenir debout vis-à-vis du président.

— Vous convenez de votre crime? demanda celui-ci dont la voix trahissait l'épouvante que cet homme lui inspirait, ainsi qu'au reste de l'auditoire.

— Le poison!... murmura le prêtre, le poison me dévore les entrailles! Ah! l'échafaud m'eût fait moins souffrir... Tuez-moi, je suis l'assassin!

— Que l'on appelle un docteur, dit le substitut, car il faut qu'il parle...

— Avez-vous des complices? demanda le président.

— L'enfer!... Oh! qui me dira si l'enfer existe.

— Puisque vous êtes prêtre, vous ne pouvez douter qu'il n'y ait après la mort de sévères châtimens pour le vice et des récompenses pour la vertu.

L'abbé Duval tressaillit, puis il ajouta :

— La mort, c'est le néant... Le seul plaisir de la vie, c'est la vengeance... Il n'y a pas de Dieu !!!

Après avoir proféré ce blasphème, il fit entendre un éclat de rire infernal et ses membres se raidirent par une dernière convulsion qui contracta hideusement les muscles de son visage... Le prêtre était mort lorsque le docteur arriva.

Il serait impossible de peindre le tumulte et la confusion qui envahirent la salle d'audience, à l'aspect de cette effroyable agonie du vrai coupable, de cette mort de damné venant prouver à tous qu'il n'est pas de limites à la dépravation d'un prêtre ; qu'un ministre parjure, après avoir franchi tous les dégrés du crime, ne s'arrête même pas devant l'horreur du néant et nie Dieu sans pudeur à cet instant suprême où l'homme, un pied déjà dans la tombe, voit, de l'autre côté de la vie, se lever le rideau de l'éternité.

Plusieurs des témoins qui avaient chargé Léon se jetaient à ses genoux en fondant en larmes et lui demandaient grace, pendant que d'autres, furieux d'avoir mis involontairement l'innocence en péril, voulaient se précipiter sur le cadavre du prêtre, et le traîner à de nouvelles gémonies. Il fallut l'intervention de la force publique pour empêcher cette multitude irritée d'assouvir sa vengeance sur les restes de l'abbé Duval.

La cour, après cinq minutes passées dans la salle des délibérations, apporta le verdict d'acquittement qui fut accueilli par d'universelles acclamations de joie.

— La tranquillité du corps social, dit le président d'une voix émue, veut que la justice poursuive sans pitié ceux qui violent les lois établies. Malhéureusement il se rencontre parfois de fatales erreurs, et, lorsque le glaive de la loi frappe une tête innocente, les juges ne peuvent trouver assez de larmes pour déplorer le sort de la victime : trop heureux s'ils échappent au remords! Léon d'Arthenay, remerciez le Ciel qui est venu à votre aide : il ne fait pas toujours des miracles pour sauver ceux que les apparences condamnent! Pardonnez à la triste mission dont nous sommes revêtus. Si quelque chose peut compenser les souffrances qu'une injuste accusation vous a fait éprouver, croyez à la sincérité de nos regrets; ne nous en voulez pas d'avoir accompli un pénible devoir. Rentrez dans le monde avec l'estime de tous les cœurs honnêtes; devenez l'ornement de la société, dont votre noble caractère fera l'admiration... Léon d'Arhenay, vous êtes pleinement réhabilité!

Ce discours du président porta l'enthousiasme à son comble. Les jurés joignirent leurs applaudissemens à ceux des spectateurs : ce fut pour le jeune homme un véritable triomphe, et plusieurs billets au crayon lui furent envoyés des tribunes pour l'engager à paraître à une fête que l'on se proposait de donner, le soir même, en réjouissance de son acquittement.

— Hélas ! répondit-il à ceux qui lui faisaient les plus vives instances, puis-je déjà me réjouir ?... Je n'ai pas encore prié sur la tombe de mon père !

XXVII.

BONHEUR.

Depuis trois années, les événemens dont nous avons entretenu nos lecteurs étaient graduellement tombés dans l'oubli, comme le reste des choses de ce triste monde où tout passe si vite que la douleur elle-même, cette blanche fille du Ciel qui s'agenouille éplorée sur une tombe et nous parle de ceux qui ne sont plus, est obligée de s'enfuir devant les joies bruyantes du siècle qui troublent sa mélancolique rêverie.

Les terres et le château d'Arthenay avaient été rendus à leur héritier légitime ; mais aucun membre de cette famille n'habitait plus un pays qui ne lui eût rappelé que de pénibles souvenirs. Léon étudiait le droit à Paris avec Arthur, et faisait toutes les semaines le voyage de Crécy pour voir son oncle et sa jolie fiancée.

Quant aux autres personnages de cette histoire, nous allons dire en peu de mots ce qu'ils devinrent, après le dénouement du funeste drame occasionné par la vengeance d'un prêtre et dont lui-même devint enfin la victime.

Le chapelain, dépossédé de ses fonctions après la mort du marquis et de madame de Verneuil, avait été pourvu d'une excellente cure, grace à la recommandation de l'évêque d'H***. Quelques mauvaises langues, entre autres celle d'Arthur, prétendaient que les discours de l'abbé Pothier faisaient naître, dans l'assemblée de ses paroissiens, la même hilarité que ses réflexions sur le livre de Ruth avaient excitée jadis parmi les séminaristes. Gros-Pierre, s'occupant activement des travaux de sa ferme, devint électeur et membre du jury, et Marianne se montrait à l'église, le dimanche, avec la robe de soie puce et le bonnet de dentelle qui avaient remplacé la jupe de laine grossière et la simple coiffure des paysannes des Vosges : c'était la fermière la plus *conséquente* du pays. Thomas Gigoux habitait avec sa femme le vieux manoir dont il avait été nommé régisseur. Joseph, l'ex-cocher du marquis, n'avait plus le désespoir de quitter sa loge pour monter sur le siége du carrosse et fouetter ses *invalides* : les pauvres bêtes étaient mortes de vieillesse sur une excellente litière et devant leur ratelier rempli.

Cependant le concierge était une preuve vivante de cet aphorisme : « Il n'y a pas de bonheur parfait sur la terre, » car il regrettait vivement l'absence de Marguerite qui l'avait quitté pour suivre son jeune maître.

Sur la fin d'une belle journée d'août, à cette heure où le soleil prêt à disparaître derrière la montagne colore de ses derniers feux la cime des arbres et les fait ressembler à de gigantesques flambeaux allumés dans l'horizon, Georgette, assise près de la grille d'entrée du château d'Arthenay, souriait à un bel enfant de six mois et lui présentait sa mamelle, tandis que son mari jouait avec la blonde chevelure du premier-né, gros garçon rose et joufflu dont les naïves réparties faisaient rire le régisseur aux éclats. Joseph, appuyé contre un mur à quelque distance et tenant entre ses lèvres sa pipe chargée, battait son éternel briquet en contemplant ce tableau de famille.

Tout à coup, après avoir jeté les yeux sur le chemin poudreux qui conduisait à Saint-D**, il s'écria :

— Le facteur !

— Enfin ! dit Thomas Gigoux : je croyais que M. Léon était mort.

Il se leva pour aller au devant de l'employé de la poste et revint bientôt avec une lettre dont il s'empressa de faire sauter le cachet.

— Georgette, s'écria-t-il après l'avoir rapidement parcourue, M. Léon se marie avec mademoiselle de Verneuil... Regarde, il nous invite à sa noce ! Demain, nous prendrons la diligence.

— Y songes-tu, mon ami ? dit la jeune femme ; puis-je quitter mes enfans ?

— En ce cas, je n'irai pas non plus, dit le

régisseur d'un ton de regret : je n'aurais pas de plaisir sans toi.

Georgette regarda son époux avec un visage où se peignaient en même temps l'amour et la reconnaissance.

— Mon ami, lui dit-elle, il faut te rendre à l'invitation de notre bienfaiteur. Mon seul regret est de ne pouvoir te suivre pour joindre mes remercîmens aux tiens, pour dire à M. Léon combien tu es bon pour moi.... qui avais si peu mérité d'être heureuse.

— Tais-toi, Georgette, ne me rappelle pas des souvenirs que j'ai oubliés depuis longtemps... C'est ma faute, après tout ! puisque j'allais à la ferme tous les jours, ma haine aurait dû me faire reconnaître malgré son déguisement et son faux nom, le séducteur d'Adèle. Mais toi, pauvre jeune fille, tu ne pouvais juger le cœur pervers de cet homme sous le charme de son langage doré... Va, sois sans crainte : j'ai bien vu que je pouvais t'aimer encore ! D'ailleurs, si j'avais retardé mon pardon, ces beaux enfans te l'auraient bien vite obtenu.

De douces larmes s'échappèrent des yeux de la jeune femme, et le régisseur s'empressa de les essuyer avec un baiser.

Le lendemain, il montait en voiture après avoir fait à Georgette de tendres adieux.

A la même heure et à cent lieues de là, deux cavaliers sortaient de la capitale et franchissaient la barrière du Trône. Ils se trouvèrent au lever du soleil dans le bois de Vincennes et ralentirent la course de leurs montures pour deviser joyeusement sous les ombrages historiques de la forêt ; puis ils quittèrent la grande route et cotoyèrent les bords de la Marne : le plus jeune des voyageurs ayant eu cette fantaisie, son compagnon fut bien obligé de le suivre.

— Nous n'arriverons jamais, Arthur ! Les détours de cette rivière son infinis et tu fatigueras horriblement Juliette... Songe que la pauvre bête a fait six fois le voyage en huit jours.

— Depuis quand ménagez-vous si bien vos chevaux, monsieur le marquis ? Vous feriez mieux de convenir que vous êtes impatient de recevoir le baiser qu'on vous donnera sans doute en remercîment de votre corbeille. Si vous avez soutenu hier votre thèse avec honneur, c'est que vous l'aviez sans doute préparée dans les magasins de nouveautés et chez les bijoutiers où vous avez acheté tant de jolies choses pour votre cousine ?

— Méchant, dit Léon, tu sais bien que ma thèse était prête avant ces acquisitions.

— Ecoute, dit Arthur qui retint malicieusement la bride à son cheval, tu es amoureux... Moi je suis partisan des beautés de la nature, et d'ailleurs je ne veux pas humer la poussière de la route pour chanter demain comme une oie sauvage au piano de mademoiselle de Verneuil... Vois comme les rives de la Marne sont belles, comme les peupliers sont verts! N'admires-tu pas ces légers tourbillons qui se forment à la surface des eaux et qui balancent si gracieusement les larges feuilles et la fleur jaune du nénuphar?

— Marche donc! s'écria Léon. Quelle rage de poésie s'est emparée de toi ce matin?

— Regarde! continua l'admirateur de la nature, sans bouger de place et sans répondre à la question de son ami : ces rives verdoyantes seront bientôt jaunies par les vents glacés d'automne ; des nuages grisâtres s'étendront sur l'azur de ce beau ciel, et les prés, aujourd'hui semés de fleurs, disparaîtront sous le pâle linceul des hivers... De même notre vie, si belle à son aurore...

— C'est décidément une mystification !...
Du diable si le paysage devant lequel tu
t'extasies mérite ton enthousiasme et tes doléances !

— Oh! dit Arthur, en joignant les mains et laissant tomber sa cravache, quand une pauvre exilée du ciel, une ame neuve et pure, jetée sur cette terre maudite, ne rencontre pas une autre ame qui s'envole avec elle vers ces hauteurs inconnues d'où l'on entend la voix des anges et le son des harpes célestes... Quand cette ame est seule, malheur ! Car, après avoir pleuré ce cruel isolement, ses ailes, chargées des humides vapeurs de ce globe immonde, retombent appesanties sur ses blanches épaules ; elle devient matière... et n'a plus d'autre ressource que de se mettre agent de change ou marchand d'hommes !

— Parfait ! s'écria Léon avec un grand éclat de rire, la période est divinement terminée !...

Dis-moi, nous n'avons qu'une lieue tout au plus pour gagner Charenton : tu rencontreras peut-être ton ame parmi les ames incomprises dont on retient les corps sous les grilles de la maison des fous.

Le poète persifflé partagea la gaîté de Léon ; mais il ne lui pardonnait pas de l'avoir réveillé à quatre heures du matin, tandis que, la veille, il lui avait promis de le laisser dormir. Cette promesse, Léon l'avait oubliée, ou plutôt il n'avait pas cru devoir la tenir, tant était grande son impatience d'arriver à Crécy. Les représentations de son camarade de voyage, ses bâillemens prolongés, sa figure endormie, ses yeux qui s'ouvraient à peine, tout cela n'avait fait qu'exciter les plaisanteries de Léon qui, pour couper court aux innombrables motifs qu'Arthur trouvait pour ne pas se lever, avait fini par le tirer hors du lit. Or, le rancunier étudiant avait résolu de prolonger le voyage de telle sorte qu'ils n'atteignissent qu'à la nuit la demeure de l'évêque. Ce moyen de punir le manque de foi de son compagnon et de venger la perte de six heures de sommeil était sans contredit le meilleur qu'il pût choisir. Voyant qu'il essaierait en vain de se faire suivre par Léon dans les régions aériennes où il voulait d'abord le conduire, il changea tout à coup de langage et s'écria :

— Dieu me damne, tu n'avais pas tort !... Cette jument boite : il faut aller au pas pour ne point la fatiguer.

— A d'autres ! dit Léon... Et Marie qui m'attend à dix heures !

— Hélas ! tu me fais souvenir que c'est justement à dix heures que je me lève ordinairement ! Je tombe de sommeil... Si tu voulais, nous dormirions un peu sur le bord de la rivière, et nos chevaux s'amuseraient à paître l'herbe tendre.

Aussitôt il descendit de cheval et s'étendit au soleil, sans attendre la réponse de Léon.

— Mais tu as perdu l'esprit !

— Veux-tu que je m'endorme sur Juliette ? Sois donc raisonnable, mon cher... On dirait vraiment que ma compagnie te devient plus insipide à mesure que ton mariage approche. Une fois à Crécy, tu me planteras très poliment pour reverdir et tu papillonneras autour de ta cousine, en me laissant, il est vrai, la société de ton oncle... excellent homme ! qui ne se gêne pas du tout pour dire son breviaire en ma présence... Si tu crois que cela m'amuse ? Allons, bonsoir !

Il fallut bien que Léon se résignât et mît à son tour pied à terre.

Pendant qu'Arthur s'endormait réellement en voulant feindre le sommeil, son ami ne trouva pas un autre genre d'occupation que de jeter avec dépit dans l'eau tous les cailloux et les brins d'herbe qui se trouvaient sous sa main. Ce manége dura près d'une heure et et demie, c'est-à-dire jusqu'au moment où le sol, dans le rayon d'une toise, se trouva nu comme si les flammes y eussent passé.

Las de cet exercice, et voyant le soleil s'élever d'une manière effrayante, Léon réveilla le dormeur.

— Ah! dit Arthur, en se frottant les yeux, tu me fais du tort! parole d'honneur, tu me fais du tort!... Un si beau rêve! j'étais en train de me baigner dans la Marne... Tiens, si je réalisais mon rêve! l'idée n'est déjà pas si malheureuse... Je me déshabille.

— Voyons, as-tu décidément résolu de me faire damner? dit Léon qui parlait avec le plus grand sérieux.

— Mon Dieu, s'il ne te plaît pas que je prenne un bain, tu n'as qu'à le dire... En vérité, tu me tyrannises, ni plus ni moins que si tu avais droit de vie et de mort sur mon individu : c'est très désagréable !... Mais enfin, puisque tu l'exiges, remontons à cheval.

Cette apparente soumission d'Arthur cachait un autre projet qu'il trouva sans doute meilleur pour arriver à son but. Pendant que son ami sanglait plus étroitement sa monture, il s'approcha d'une haie voisine et cueillit un énorme chardon, aux pointes acérées, qu'il plaça sournoisement sous la queue de Juliette. La jument hennit de douleur, lança de vives ruades et partit au galop du côté de Paris. Arthur l'excitait encore par de prétendus cris de détresse, et Léon, tout à fait décontenancé, regardait courir la fugitive, et restait la bouche béante sans proférer une parole.

— Que faire? dit Arthur, avec un visage qui semblait si naïvement consterné que Léon ne put s'empêcher de sourire.

— Ma foi, repondit celui-ci, nous allons

tâcher de la rejoindre : je ne me soucie pas de perdre mon meilleur cheval... Monte en croupe !

Ils galopèrent jusqu'à Vincennes, où fort heureusement un piquet d'infanterie se trouva dans la rue pour barrer le passage à la jument effarouchée. Léon mit un louis dans la main du caporal... puis il chercha vainement autour de lui son compagnon de voyage : il était disparu...

— Attache les chevaux à la porte et monte ici ! Le garçon m'assure qu'il nous aura des huîtres d'Ostende.

C'était la voix d'Arthur : il parlait de la fenêtre d'un café-restaurant.

Comme il était assez naturel de déjeuner à onze heures du matin, surtout après la course qu'ils avaient faite, impossible d'opposer la moindre objection.

Léon n'oublia pas de recommander la plus grande diligence dans les apprêts... Malheureusement Arthur avait enjoint au chef de cuisine de mettre au moins trois quarts d'heure d'intervalle entre les plats, et pour comble de traîtrise, il avait appuyé cet ordre étrange de l'irréfragable autorité d'une pièce de cinq francs.

— Nous allons faire une partie de billard, dit Arthur. Tu sens que les déjeuners de la banlieue doivent être moins expéditifs que ceux du Café de Paris... Du reste, il est inutile de songer à nous remettre en route avant la fraîcheur.

— Ceci passe les bornes de la plaisanterie ! s'écria Léon qui fit un pas vers la porte.

— Halte-là ! je te déclare mon prisonnier, vu que tu as commis à mon égard une insigne félonie. Grace à ton manque de parole, j'ai eu la douleur de voir lever l'aurore.... N'est-ce-pas horrible ? Crois-tu que je sois homme à laisser prévaloir les caprices de l'amour sur les promesses faites à l'amitié ?... Vive Dieu, messire, rendez grace au chardon qui par ses piqûres a décidé Juliette à rétrograder : tu vas subir un déjeuner complet ! N'oublie pas surtout que je prononce en dernier ressort et que, à la moindre tentative d'évasion, je mets la clé dans ma poche.

— Combien me rends-tu de points ? demanda Léon qui prit en même temps une queue de billard. Puisque tu veux me mystifier, je n'ai rien de mieux à faire que de m'y prêter de bonne grace. Nous partirons quand tu voudras.

— Bravo ! cette soumission me désarme : nous partirons cinq minutes plus tôt... Je te rends dix points en trente.

Voyant que les nombreuses contrariétés qui naissaient à chaque pas, depuis leur départ de Paris, n'étaient que la suite du complot tramé par Arthur, Léon, bien loin de prendre un air de bouderie, parut au contraire animé d'une gaîté folle. Il savait que son persécuteur, le trouvant insensible à ce retard prémédité, ne tarderait pas à se dépiter du peu de succès de sa vengeance.

En effet, Arthur, après avoir été battu trois fois au billard, jeta sa queue sur le tapis sans écouter Léon qui l'engageait à jouer encore.

— Les huîtres ! s'écria-t-il d'une voix à bouleverser tout le personnel du restaurant.

Le garçon parut avec un air effaré.

— Monsieur n'ignore pas qu'il faut aller chercher les huîtres d'Ostende à Paris, dit-il en s'adressant à Arthur : c'est monsieur lui-même qui l'a voulu.... Le commissionnaire a pris un cabriolet ; mais il est impossible qu'il soit déjà de retour.

— Ah ! ah !... ces huîtres que tu m'annonçais avec tant d'emphase étaient encore au Rocher de Cancale ! s'écria Léon : c'est différent !... Au fait, nous avons le temps de les attendre, puisque nous ne voyagerons qu'à la fraîcheur.

— Et mademoiselle de Verneuil à qui tu avais promis d'arriver dans la matinée ? dit Arthur : crois-tu qu'elle ne va pas être inquiète ?.... As-tu pu te figurer sérieusement que je serais assez cruel pour t'enlever une demi-journée de bonheur ? Mon ami, tu me fais de la peine...

— Impayable ! s'écria Léon : d'honneur, tu est impayable, mon cher ! Mais rassure-toi : la lettre que j'écrivis hier au soir à ma cousine ne lui donnait pas mon arrivée à dix heures du matin comme une chose certaine.... Je n'étais pas sûr de pouvoir te réveiller, dormeur !

— Je suis floué, dit Arthur, floué, complétement floué !... De par le diable, tu es bien l'homme le plus gangrené de dissimulation que je connaisse ! Je parie que tu rages intérieurement.... Voyons, n'es-tu pas d'avis de manger un simple bifteck et de remonter ensuite à cheval ? Nous paierons des dommages-intérêts à la cuisine.

— Bon ! tes plaisanteries changent de nature.... Tu ne me persuaderas pas que tu aies envie de galoper sur la route par le soleil et la poussière.

— Battu ! je suis battu sur toutes les coutures ! dit le conspirateur désappointé.

— Par exemple, reprit Léon, tu ne m'en voudras pas si, pendant les trois jours qui restent encore d'ici au mariage, je te laisse en la compagnie de mon oncle. Il sera juste que je rende à ma jolie cousine les heures que tu m'as empêché de passer près d'elle aujourd'hui. Du reste, monseigneur a deux ou trois bréviaires magnifiquement dorés : libre à toi de réciter l'office avec lui... Tu te le rappelles, on alterne à chaque verset....

— Ah ! tu rages, dit Arthur : je me croyais battu ; mais il est de la dernière évidence que tu rages ! Ce que tu viens de me dire en est une preuve : tu es floué toi-même, mon cher ! As-tu donc oublié que tu as invité ton régisseur de là-bas à venir à ta noce ? Il arrive demain soir, si mes calculs sont justes. Sais-tu que c'est un homme précieux à la campagne que ton régisseur ? J'ai chassé furieusement avec lui pendant les dernières vacances : ton parc d'Arthenay est rempli de gibier... A propos, t'ai-je dit que Thomas faisait avec sa petite femme un ménage des dieux ? Voilà un homme estimable, un homme qui aimait véritablement !.... Réhabiliter une femme à ses propres yeux comme aux yeux du monde, lui faire une égide de son nom pour empêcher le préjugé de la flétrir, c'est beau cela !

Léon n'écoutait plus le discoureur : son front était devenu soucieux.

— Peste soit de mon sot bavardage ! s'écria tout à coup Arthur qui remarqua le changement survenu dans les traits de son ami. Ta main, Léon, ta main, morbleu !... je conçois que tu n'aimes pas à entendre tout ce qui se rattache à cette époque fatale ! aussi je m'en veux... Tiens, je me battrais de bon cœur !... Me pardonnes-tu ?

— Si je te pardonne, à toi, mon ami qui m'as sauvé, qui depuis trois ans m'as fait oublier tant de douleurs !

— Oui; mais je voudrais que tu fusses plus raisonnable et que, pour un mot étourdiment lancé, tu ne vinsses pas nous rendre tristes comme des bonnets de nuit... Songe donc que tu vas épouser un ange !... Ma foi, les huîtres viennent à propos ! Garçon, donnez contre-ordre au chef.... cinq minutes entre chaque plat : je paierai sa diligence au même prix que j'ai payé sa lenteur ! Faites rafraîchir les chevaux et qu'ils soient bridés en même temps que vous nous servirez le café.

Après le déjeuner, qui fut expédié rapidement, les deux amis continuèrent leur voyage, et la tristesse de Léon se dissipa devant le feu roulant continuel des saillies d'Arthur. Au coucher du soleil, Marguerite leur ouvrait la porte de la maison de campagne de l'évêque d'H***.

Un instant avant d'arriver, les voyageurs aperçurent un voile de gaze flotter à la fenêtre de la jolie fiancée.

— C'est elle! c'est Marie! s'écria Léon.

— Hélas! pourvu que Thomas Gigoux arrive! se dit à lui-même Arthur!

La diligence du lendemain déposa le régisseur à la grille.

Deux jours après, l'évêque unissait Léon d'Arthenay à mademoiselle de Verneuil. L'église de Crécy contenait une foule immense :

tous les vœux étaient favorables aux jeunes époux. Après leur avoir donné la bénédiction nuptiale, le digne prélat, le bon prêtre dont les cheveux avaient blanchi dans la pratique de toutes les vertus de l'Évangile, les pressa contre son cœur et leur dit en versant des larmes de joie :

— Je puis mourir, mes enfans... vous êtes heureux !

ÉPILOGUE.

ÉPILOGUE.

Depuis six mois ce livre était écrit. Je balançais à le livrer à l'impression, craignant qu'il ne soulevât contre moi des haines violentes et que le plus grand nombre des lecteurs ne me blâmât d'avoir fouillé dans le secret du sanctuaire pour en tirer un prêtre infâme et le jeter en pâture aux ennemis du clergé. Plusieurs aristarques, auxquels je confiai mon manuscrit, l'anathématisèrent de prime-abord, en me disant que je n'avais pu *commettre* un pareil livre que sous l'influence de la fièvre chaude. Ils me conseillèrent gravement les douches. Le conseil était loin d'être poli ; cependant comme plusieurs de mes amis étaient à Plombières, je résolus de les rejoindre.

Après m'être baigné pendant quelques jours dans la *Fontaine du Christ*, source d'eau thermale découverte par la meute de César, alors que le conquérant romain se reposait de ses victoires en faisant une chasse aux loups, je m'ennuyai bientôt de la compagnie des podagres et des goutteux, dont je voyais les têtes pelées surnager à la surface des bains, et je fis des excursions dans les alentours.

Plombières est englouti dans une espèce de gouffre où l'œil plonge avec effroi. Le voyageur est tenté de rebrousser chemin en apercevant, du haut d'un roc de granit, cette ville qui semble sortir des entrailles de la terre et qu'une vieille prophétie condamne à y rentrer un jour. (Avis aux amateurs!) J'aimais à m'éloigner de ce trou gigantesque où mes amis pourtant se plaisaient à rester enterrés. Comme je veux être impartial, je dois dire, à leur justification, que la *Fontaine du Christ* a quelques-unes des propriétés de feu la fontaine de Jouvence, et que, non loin des crânes pelés dont je parlais tout à l'heure, apparaissent, *rari nantes in gurgite vasto*, de frais visages de Parisiennes qui n'ont pas du tout l'air de regretter l'Opéra.

Donc, au lieu de prendre les douches, je rôdais sur les hauteurs qui dominent Plombières, ou je me perdais au milieu des bois de sapins qui entourent le Valdajol dans un cercle de verdure comme un nid d'oiseau, se mêlent aux cerisiers de Fougerolles et vont se réunir aux noires forêts qui couronnent Remiremont. Dans une de ces promenades matinales, je fis la rencontre d'un vieil ecclésiastique qui pêchait des truites en récitant son bréviaire. Je le saluai. Puis, comme il s'aperçut que je désirais lier conversation, il ferma son livre d'heures, tira de l'eau sa ligne à laquelle pendait une fort belle truite et m'engagea cordialement à venir déjeuner à son presbytère.

L'entretien que j'eus avec lui me donna une haute idée de son esprit et de ses connaissances. Il jugeait froidement les hommes et les choses, et certes il en avait le droit, lui qui avait traversé nos orages politiques, jouant d'abord sa tête sous Robespierre qu'il appelait avec André Chénier : Bourreau barbouilleur de lois; admirant plus tard Bonaparte pour avoir relevé les autels, tout en lui reprochant ses victoires et la fougue de son génie; blâmant ensuite la Restauration qui lui avait envoyé des missionnaires dans son église, et s'entêtant, à l'époque où je le connus, à ne pas ajouter *Ludovicum Philippum* à la prière qui termine la messe du dimanche.

En me questionnant avec une indiscrétion bienveillante, il apprit que j'étais homme de lettres et parut curieux de voir quelques-unes de mes productions. La circonstance était belle pour lui demander son avis sur l'ouvrage incriminé. A deux jours de là je gagnai le presbytère avec d'autant plus de plaisir que le vieillard avait d'excellent kirsch et qu'il avait dû parcourir la *Famille d'Arthenay*.

Le visage de mon hôte était grave et presque sévère. Je crus lire dans ses yeux la condamnation de mon livre, et, certes, j'en eusse fait à l'heure même un autodafé, s'il ne m'eût dit avec un accent de regret que je ne m'expliquais pas alors :

— Imprimez cela : vous ferez bien !

— Pardonnez-moi, monsieur le curé, lui répondis-je ; mais il vous reste, ce me semble, une arrière-pensée...

— Déjeunons d'abord, nous causerons ensuite.

Agitant aussitôt une petite sonnette de cuivre dont le timbre perçant avait seul le pouvoir de réveiller l'oreille paresseuse de Gothon (ce nom pittoresque appartenait à la domestique du vieux prêtre), il me fit signe de m'approcher de la table. Nous dépeçâmes la truite pêchée l'avant-veille ; elle avait été réservée pour ce jour-là qui se trouvait être un vendredi.

Tout en mangeant, je m'aperçus que la ménagère agrippait de temps à autre, sur la cheminée, quelques feuilles volantes de mon manuscrit et les transformait en cornets, avec toute la dextérité d'un épicier émérite, pour y serrer de la graine de carottes et d'ognons. Je fis remarquer ce *vandalisme* à mon hôte qui se mit immédiatement dans une sainte colère contre sa gouvernante et lui arracha les cornets pour les restituer à leur forme primitive. La vieille fille sortit en grommelant et prit un des sermons de son maître pour envelopper sa graine.

— Si j'étais superstitieux, dis-je au curé

qui me versait un vin du Rhin très potable, ma foi! je tirerais un triste présage de cette action de votre ménagère... Cependant vous me conseillez d'imprimer mon livre.

— Permettez-moi de vous adresser une question. N'avez-vous pas fait vos études dans un séminaire?

— Ma philosophie seulement... encore m'a-t-il fallu la recommencer dans un collége royal.

— Je me doutais, reprit-il avec froideur, que vous aviez habité avec des prêtres : vous n'auriez pu saisir un caractère comme celui de l'abbé Duval et le peindre sous des couleurs si vraies.

— Vous me flattez, lui dis-je avec la modestie *connue* d'un auteur qui s'imagine recevoir un éloge.

— Je vous blâme, au contraire! s'écria le vieux prêtre d'un air indigné; car vous êtes entré dans la maison du Seigneur, afin d'examiner par où pèchent les fondemens de l'édifice, et vous indiquez la brèche aux impies.... C'est égal, mon enfant, faites imprimer votre livre.

— Je ne vous comprends plus, monsieur le curé.

Il sonna. Mais la gouvernante, contrariée dans sa fabrication de cornets, était plus sourde que jamais. Il se vit contraint d'aller prendre lui-même la bouteille de kirsch. Après avoir rempli mon verre, il continua sa mercuriale.

— Au lieu d'étudier votre cours de philosophie, vous avez étudié les mœurs ecclésiastiques, vous avez analysé l'esprit clérical dans ses profondeurs secrètes ; vous avez deviné la corruption sous le froc, l'hypocrisie sous un langage ascétique, l'orage des passions sous le calme religieux. Vous vous êtes dit ensuite : Je dois compter sur un beau succès littéraire, car peu d'auteurs ont pris, comme moi, la nature sur le fait ; aucun d'eux n'a su jusqu'alors faire parler un prêtre...

A ces paroles du vieillard, je me levai de table, et je lui dis avec un ton d'amertume :

— Pour vous prouver que je n'ai pas eu de pareilles intentions, je vous autorise à brûler le manuscrit de la *Famille d'Arthenay*. Recevez mes adieux, monsieur le curé : je croyais être mieux compris d'un homme de votre sens et de votre caractère.

— Allons, allons, rasseyez-vous, me dit le vieux prêtre, en me tendant la main. J'ai mis dans le creuset votre probité de littérateur : elle en sort épurée. Vous avez écrit ce livre de bonne foi, c'est ce que je voulais savoir. Maintenant écoutez ce qu'il me reste à vous dire.

Vous présentez aux gens du monde le mauvais prêtre dans toute sa laideur : c'est un mal, attendu que, en dépit de vos avertissemens, nombre de lecteurs, prévenus contre le clergé, se lanceront de ce point de départ pour attribuer aux autres ecclésiastiques la même hypocrisie. Mais les prêtres liront votre livre, et c'est un bien. L'hypocrite démasqué rentre dans une voie meilleure ou, de lui-même, il se sépare du corps estimable qu'il souillait de sa présence. Je vous félicite, en passant, d'avoir déclaré que vous n'avez pas cherché vos modèles parmi le clergé de ce diocèse : plus le prêtre s'éloigne du centre de la civilisation pour se rapprocher des mœurs primitives, moins il est corrompu. La partie de votre préface intitulée *Amende honorable* vous était donc dictée par votre conscience. Pourtant n'espérez pas que beaucoup de mes confrères vous jugent comme je le fais moi-même : ils crieront au scandale. Ceux-là surtout, qui pourront s'attribuer certains passages de votre livre, ne vous pardonneront pas de les avoir dépeints... Vous êtes fort heureux que la censure soit abolie.

— N'avez-vous pas remarqué, lui demandai-je, une contradiction dans le développement du principe que j'ai posé d'abord ?

— Soyez sans crainte : je ferai la part de l'éloge et celle de la critique. Le chapitre intitulé *Confession* est d'une entière vérité. C'est bien le prêtre outrepassant sa tâche évangélique pour arriver à un but que le ciel désapprouve. L'abbé Duval livre l'esprit de son disciple à toutes les terreurs religieuses, et ce moyen n'est employé que trop souvent, même par de dignes prêtres qui ne réfléchissent pas que la peur de l'enfer s'évanouit et que les passions restent. Un autre chapitre, *Saut en arrière*, est très dramatique ; malheureusement il n'est pas moral, et celui : *Comme se venge un prêtre*, l'est moins encore. Vous aviez besoin de pareilles scènes, me direz-vous, pour appuyer votre maxime fondamentale. Votre héros donne entrée dans son cœur à une passion coupable ; il passe immédiatement par toutes les phases du crime et finit par nier l'existence de Dieu. Cette nécessité de mettre le vice, dans toute sa hideuse nudité, sous les yeux des lecteurs est une nouvelle preuve de cet axiome : « Que les romans sont comme les » champignons, les meilleurs ne valent rien.»

Cependant, vous le voyez, je fais une exception en faveur de votre livre, puisque je vous conseille de lui donner le jour. Vous vous êtes attaché principalement à faire ressortir un enseignement utile de vos pages les plus dangereuses ; vous avez indiqué le poison : tant pis pour ceux qui voudront le boire ! Je ne regarde donc pas la *Famille d'Arthenay* comme un ouvrage anti-religieux. C'est un coup de hache donné sur un abus : il pouvait être appliqué par une main plus sûre que la vôtre ; mais on doit vous savoir gré de vos efforts.

Je passe à la contradiction que vous avez signalée vous-même et dont je connais la cause.

Vous avez dit dans votre préface une chose vraie, c'est que le prêtre devrait faire un noviciat dans le monde avant de prêcher l'Évangile. Néanmoins vous avez pris, comme type du mauvais prêtre, un homme qui avait fait ce noviciait. Le caractère de nos jeunes ecclésiastisques, quoique infiniment moins odieux que celui de l'abbé Duval, eût évidemment répugné au lecteur. N'est-ce pas la raison qui a guidé votre choix ?

Je répondis à mon hôte :

— En effet, je craignais que les gens du monde ne se révoltassent de cette ignorance complète des usages et des convenances sociales, que l'on remarque dans les jeunes prêtres. Je me suis contenté de faire comprendre combien l'éducation religieuse péchait sous ce rapport, sans jeter en même temps l'odieux et le ridicule sur le personnage que je mettais en scène. Chez nous, on l'a répété bien souvent, le ridicule est mortel, et, comme je ne voulais pas attaquer sans défendre, il me fallait mettre en regard deux hommes versés dans la science du monde, l'un hypocrite, l'autre loyal; l'un trompeur, l'autre trompé : l'abbé Duval et l'évêque d'H***.

— Quant à vos autres personnages, poursuivit le vieux prêtre, je vous dirai ce que j'en pense avec la même franchise. Thomas Gigoux est un de vos plus beaux caractères. Vous avez eu raison de ne pas multiplier de fades détails d'amourettes : votre jeune fille est une blanche apparition que l'on entrevoit au travers d'un nuage et qui gagne à ne pas être mêlée dans les ignobles intrigues du vice. L'égoïsme religieux du marquis est naturel, sa dureté pour son fils l'est beaucoup moins.

Je laisse de côté les personnages secondaires, et j'arrive à Léon, qui manque un peu d'énergie dans le premier volume. Cela tient sans doute à la férule monacale sous laquelle on avait courbé sa jeunesse. Mais l'infortune le relève ; sa contenance vis-à-vis des jurés est pleine de noblesse. Si votre manuscrit n'avait pas un an de date, on vous accuserait, en vérité, d'avoir fait une copie du procès Lafarge !

(J'étais à Plombières, vers le milieu du mois de septembre dernier : cette allusion du vieillard au drame qui se dénouait alors à Tulle, était donc très simple.)

— Ah ! m'écriai-je aussitôt, laissons-là mon livre et parlons de cette malheureuse femme ! La croyez-vous coupable ?

— Je serai de l'avis des jurés, me dit-il avec le plus grand sang-froid.

Cette réponse m'attéra. Je le regardai la bouche béante avec toute la stupidité de l'étonnement.

— Ne vous effarouchez pas, reprit-il : voici le journal, et vous allez voir que j'ai raison de vous parler de la sorte, car je suis convaincu qu'elle est acquittée.

Le facteur sonnait en effet à la porte du presbytère. Ne me fiant pas à la célérité de la vieille gouvernante, dont la mauvaise humeur pouvait durer encore, je courus ouvrir moi-même. Lorsque je rentrai dans la salle, mon hôte fut effrayé de ma pâleur... Je lui présentai silencieusement le journal, dont j'avais fais sauter la bande, et que j'avais déjà parcouru.

— Condamnée! s'écria-t-il en se voilan

le visage de ses deux mains. Pourtant je la crois innocente !

— Êtes-vous encore de l'avis des jurés ? m'écriai-je à mon tour, de ces épais et grossiers Limousins qui n'ont pas compris une seule des paroles de la défense, parce qu'elle n'a pas plaidé dans leur patois ? Machines stupides qui n'ont rien à la place du cœur !... Et ce loup cervier d'avocat du roi, ce chacal en en robe rouge, comme il doit jouir de son triomphe !

— Enfant, me dit le vieux prêtre, respectez au moins les ministres de la justice !

— Oui, n'est-ce pas ?... Il faut se taire quand le feu de l'indignation vous monte au cerveau ?... Monsieur le curé, vous l'avez dit tout-à-l'heure : madame Lafarge est innocente.

Il faut ne pas avoir dans l'ame le moindre sentiment généreux pour en douter. Honte au ministère public qui n'a pas abandonné l'accusation ! Honte au jury de la Corrèze qui vient de flétrir cette noble femme !

— Plaignez-les, mon fils, au lieu de les maudire et de leur jeter des paroles de haine ! Hélas ! ils ont regretté les premiers peut-être une fatale conviction ! Le prestige de la science est si grand ! Neuf chimistes sont venus déclarer à la cour qu'il n'y avait point de poison dans le cadavre ; trois autres, ou plutôt un seul, a constaté la présence de l'arsenic ; mais celui-là, c'est le *Roi de la médecine* ; c'est un être à part, un homme *infaillible !* Il a mis la cour dans la nécessité de rendre un verdict de condamnation. Croyez-le, mon fils, sous ces robes de juges il y avait des cœurs qui saignaient. L'avocat du roi lui-même, une fois éloigné du siége d'accusateur, sur lequel il doit paraître inflexible, a pleuré le sort de la victime. Pourquoi chercher des monstres quand il est beaucoup plus simple de ne voir que des hommes, chez lesquels le respect des lois fait taire le cri de la nature?

Quant à vous, qui jugez avec le cœur plutôt qu'avec la tête, vous ne comprenez pas le crime à côté de tout ce qu'il y a de nobles sentimens dans cette ame de femme ! Toutes les hautes intelligences, tous les hommes sensibles penseront comme vous. Madame Lafarge est victime d'une erreur déplorable ou d'un orgueil satanique... J'ai la ferme espérance que le ciel lui réserve une éclatante justification.

—Hélas ! m'écriai-je, elle est à l'agonie !

—Elle ne mourra pas ! il ne faut pas qu'elle

meure ! dit le vieux prêtre d'une voix solennelle. Son corps est abattu, mais son ame est grande et courageuse : le chêne soutiendra le roseau. Comme le Christ, cette femme boira jusqu'à la lie le calice des douleurs, et reviendra triomphante des portes de la mort. On comprendra que les graces de l'esprit, les purs sentimens du cœur, ne s'allient pas avec la pensée d'un crime. Celle qui s'entoure de suaves espérances de maternité, qui d'avance caresse avec délire la douce créature qui puise la vie dans ses entrailles, celle-là, mon fils, n'empoisonne pas celui qui l'a rendue mère. A mes yeux, ce genre de preuve est infiniment préférable aux expériences chimiques. S'il y a du poison (ce dont je doute, en dépit du savant rapport des derniers experts), la main qui l'a versé n'écrivait pas en même temps ces lettres qui figurent au procès. Je le répète : madame Lafarge est innocente. Aussi je déplore le malheur du jeune homme qui vient de se suicider dans notre voisinage. L'infortuné n'a pu sentir qu'une idée de déshonneur s'attachât à celle qu'il aimait. En doutant de Marie Capelle, il a douté de lui-même et de Dieu... Son désespoir lui sera pardonné !

— N'est-ce pas une honte, dis-je au vieux prêtre, que la famille de ce jeune homme ait en quelque sorte sali sa mémoire, en attribuant ce suicide à un acte de folie ?

— D'abord, très peu de personnes comprennent l'exaltation du sentiment ; ensuite, la peur a saisi cette pauvre famille : elle a voulu rester étrangère à ce procès, environné de si fâcheux auspices. Puisse-t-elle ne pas se repentir lorsque l'innocence de cette femme, que leur fils aimait, sera reconnue ! Car un jour viendra, mon enfant, où Marie Capelle entendra ces paroles que vous avez mises dans la bouche du juge de Léon d'Arthenay :

« *Rentrez dans le monde avec l'estime de*
» *tous les cœurs honnêtes ; devenez l'ornement*
» *de la société dont votre noble caractère fera*
» *l'admiration : vous êtes pleinement réhabi-*
» *litée.* »

Je m'élançai dans les bras du vieux prêtre, et nos larmes se confondirent.... J'en demande mille pardons à ceux de mes lecteurs qui ne me comprendront pas.

FIN DU TOME SECOND.

TABLE

DES MATIÈRES CONTENUES DANS LE SECOND VOLUME.

SUITE DE LA

DEUXIÈME PARTIE.

VENGEANCE.

Chap.		Pages.
XV.	— Les Funérailles.	3
XVI.	— Comme se venge un prêtre	13
XVII.	— Thomas Gigoux	33
XVIII.	— La dernière heure	49
XIX.	— L'auberge du Gros-Caillou	69
XX.	— Où l'auteur divague	101

TROISIÈME PARTIE.

PUNITION.

XXI.	— L'hôtel	137
XXII.	— Le prisonnier	153
XXIII.	— Arthur Daucourt a Léon d'Arthenay	175
XXIV.	— La cour d'assises	179
XXV.	— Une nuit blanche	205
XXVI.	— Suite de la cour d'assises	235
XXVII.	— Bonheur	261
	Épilogue	289

FIN DE LA TABLE DU SECOND ET DERNIER VOLUME.

ŒUVRES DE CLÉMENCE ROBERT :

OUVRAGES PARUS :

Romans.

RENÉ L'OUVRIER.	1 vol. in-8.
L'ABBÉ OLIVIER.	1 vol. in-8.
UNE FAMILLE, S'IL VOUS PLAIT !	2 vol. in-8.

Poésies.

PARIS, SILHOUETTES	1 vol. in-8.

SOUS PRESSE :

Romans historiques.

LA DUCHESSE DE CHEVREUSE.	1 vol. in-8.
LE COUVENT DES AUGUSTINS.	2 vol. in-8.
LE CHATEAU DE RAMBOUILLET.	2 vol. in-8.
UN AMOUR DE REINE.	2 vol. in-8.

Romans de mœurs.

MOURIR POUR ELLE.	1 vol. in-8.
LE PARADIS PERDU.	1 vol. in-8.
SCÈNES DE L'AVENIR.	2 vol. in-8.

www.ingramcontent.com/pod-product-compliance
Lightning Source LLC
Chambersburg PA
CBHW060400170426
43199CB00013B/1937